Wenn die Entscheidung fürs Kind zum Problem wird

Eine empirische Analyse zur Abhängigkeit der Timingintention der ersten Elternschaft von Elementen biographischer Sicherheit

Bastian Mönkediek

Wenn die Entscheidung fürs Kind zum Problem wird

Eine empirische Analyse zur Abhängigkeit der Timingintention der ersten Elternschaft von Elementen biographischer Sicherheit

Verlag Dirk Koentopp

Mönkediek, Bastian:
Wenn die Entscheidung fürs Kind zum Problem wird
Eine empirische Analyse zur Abhängigkeit der Timingintention der ersten Elternschaft von Elementen biographischer Sicherheit
Osnabrück: Verlag Dirk Koentopp, 2009
ISBN 978-3-938342-20-6

ISBN 978-3-938342-20-6

Herstellung: Books on Demand GmbH

Printed in Germany

Inhaltsverzeichnis

Vorwort

Die folgende Arbeit beschäftigt sich im Kern mit der Untersuchung der Fragestellung, warum Menschen Familien gründen bzw. was sie antreibt eine Familiengründung vorzunehmen. Ein nicht unbedeutender Aspekt vor dem Hintergrund des demographischen Wandels, der mit seinen Folgen die Gesellschaft vor neue Aufgaben stellt.

Im Fokus der Untersuchung liegt dabei die gewachsene biographische Unsicherheit die sich den Menschen heute im Rahmen ihrer Lebenslaufentscheidungen stellt und deren Bedeutung für den Aufschub von Elternschaftsentscheidungen. Auf der Basis einer empirischen Untersuchung der Daten des *Generation and Gender Surveys* soll die Frage geklärt werden, in wieweit die Wahrnehmung der eigenen Zukunft als unsicher das intendierte Familiengründungsverhalten der Menschen tatsächlich beeinflusst und sich damit zur Erklärung des Fertilitätsverhalten eignet.

Diese Arbeit entstand als Masterthesis an der Universität Bremen und ich möchte mich an dieser Stelle besonders bei meinen beiden Betreuern Herrn Prof. Dr. Huinink und Frau Katharina Maul für ihre stetige Beratung und Unterstützung im Rahmen der Erstellung der Thesis bedanken. Ein besonderer Dank gilt außerdem meiner Frau und meiner Familie, die mich in dieser Zeit ebenfalls vor allem moralisch unterstützt haben – vielen Dank!

gez. Bastian Mönkediek

1. Einleitung

„Soll ich heiraten und Kinder großziehen? Oder will ich doch lieber Sicherheit und Wohlstand?“[1] Diese Frage, gestellt vom Protagonisten in einem Comic von Rabenau, der am 06.02.09 in der Neuen Osnabrücker Zeitung erschien, verdeutlicht sehr gut ein Problem, das vielen Menschen im Laufe ihres Lebens irgendwann begegnet: die Entscheidung über die Gründung einer Familie[2]. Ein Problem, das in dieser Form nicht immer bestand, sonders erst auftauchte, seitdem die Elternschaft als Kernelement der Familiengründung ihre Selbstverständlichkeit[3] verloren hat (vgl. Huinink 1995: 158; Huinink & Konietzka 2007: 160; Onnen-Isemann 2003: 104-105). Seither stellt sich die Elternschaft den Menschen als Entscheidungsfrage, bei der verschiedene Möglichkeiten gegeneinander abgewägt werden können, die miteinander nicht immer unbedingt vereinbar sind. Und so wägt auch der Protagonist im Comic von Rabenau seine Entscheidung zwischen Ehe und Elternschaft auf der einen und Sicherheit und Wohlstand auf der anderen Seite ab. Dabei handelt es sich um eine Darstellung von Rabenau, die nicht weit hergeholt ist. Denn Kinder besitzen in Deutschland den Ruf, recht kostspielig zu sein, und stellen nach wissenschaftlichen Erkenntnissen von Günther (2002) sogar ein Armutsrisiko dar (vgl. Günther 2002: 259-260; Burkart 1994: 247-248).

---

[1] Comic Rabenaus wundersame Erlebnisse. In: Neue Osnabrücker Zeitung. 42.Jg. Nr.31, S.8.

[2] Unter einer Familie werden in dieser Arbeit entsprechend der Definition des Statistischen Bundesamtes (DESTATIS) „Eltern-Kind-Gemeinschaften, d.h. Ehepaare, nichteheliche und gleichgeschlechtliche Lebensgemeinschaften, sowie allein [E]rziehende […] mit ledigen Kindern“, die zusammen einem Haushalt bilden, verstanden (Huinink & Konietzka 2007: 35).

[3] Eine Selbstverständlichkeit, die maßgeblich von den in der Gesellschaft akzeptierten Lebensformen und der Auffassung von der ‚Normalbiographie‘ von Mann und Frau getragen wurde. Denn gerade die ‚Normalbiographie‘ sah den geregelten Übergang von der Herkunftsfamilie „in eine eheliche Beziehung und eine eigene“ Familie vor (Huinink & Konietzka 2007: 45). Dies spiegelte sich auch in den vorhandenen Lebensformen wider. Die ehelichen Familienformen waren hier dominant und setzten sich in der Form der ‚Normalfamilie‘ (Mutter, Vater und Kind) durch (vgl. Peuckert 2005: 74, 123-124). – Zur Definition des Begriffs Lebensform ziehe ich die von Huinink & Konietzka (2007) in ihrem Beitrag zitierte Definition des Statistischen Bundesamtes heran, der besagt: „Unter Lebensform versteht man [...] relativ stabile Beziehungsmuster [...] im privaten Bereich, die allgemein mit Formen des Alleinlebens oder Zusammenlebens [...] beschrieben werden können.“ (Huinink & Konietzka 2007: 29)

Wichtiger noch als der Aspekt des Wohlstandes erscheint jedoch die zweite Befürchtung der Comicfigur, die sich für ihn ebenfalls nicht mit einer Familie verbinden lässt: Sicherheit. Sorgte früher die Selbstverständlichkeit, Kinder zu bekommen (vor allem für Frauen), für eine relative Erwartbarkeit und Gewissheit des eigenen zukünftigen Lebensverlaufs (vgl. Huinink 1995: 158), lässt nun die Entscheidungsfrage Unsicherheiten entstehen. Denn nun ist es an einem selbst, die Entscheidung der Elternschaft zu treffen und damit einen großen Teil seines eigenen zukünftigen Lebensweges festzulegen[4], während sich zugleich die Folgen der Entscheidung größtenteils nicht mehr abschätzen lassen, da sie zumeist recht weit in der Zukunft liegen (vgl. Brose 2008: 31; Burkart 1994: 247-248).

Jetzt lässt sich feststellen, dass viele Paare eine erste Elternschaft nicht mehr unbedingt eingehen, sondern eher kinderlos bleiben, oder aber die Entscheidung über die Elternschaft bis ins höhere Lebensalter aufschieben (vgl. Huinink & Konietzka 2007: 98; Borchardt & Stöbel-Richter 2004: 61). Dies führte dazu, dass die Anzahl der Kinder pro Frau ab- und die Zahl der endgültig kinderlosen Frauen zunahm (vgl. Onnen-Isemann 2003: 98-99; Borchardt & Stöbel-Richter 2004: 61). Dabei stieg das Durchschnittsalter der Frau bei der Geburt ihres ersten Kindes auf heute ca. 29 Jahre an (vgl. Huinink & Konietzka 2007: 83), während die zusammengefasste Geburtenziffer im Jahr 2007 auf 1,3 Kinder pro Frau sank[5]. Gleichzeitig ist jedoch „das Ausmaß an [tatsächlich] gewünschter Kinderlosigkeit" weiterhin gering (Huinink 2001: 147) bzw. es lässt sich nachweisen, dass die Kinderlosigkeit „in der Regel kein Phänomen [ist], das früh geplant wird" (Kühn 2004: 252).

Dies wirft die Frage auf, warum mehr und mehr Menschen in Deutschland eine Elternschaft aufschieben oder diese nicht umsetzen, obwohl sie zumeist eigentlich keine Kinderlosigkeit anstreben (vgl. Feldmann 2006: 152).

---

[4] Vor allem, da ein „langfristiges Orientierungsschema" (Huinink 1995: 295) der Lebenslaufplanung beider Partner hier unerlässlich ist, da sich Kinder nicht einfach wieder abschaffen lassen (vgl. Birg 1992: 199).

[5] Vgl. die Internetseide des Statistischen Bundesamtes (DESTATIS) unter: http://www.destatis.de/jetspeed/portal/cms/Sites/destatis/Internet/DE/Content/Statistiken/Bevoelkerung/GeburtenSterbefaelle/Tabellen/Content50/GeburtenZiffer,templateId=renderPrint.psml (10.09.2008).

Eine Frage, die nicht leicht zu beantworten ist. Denn die Ursachen für dieses Verhalten sind noch nicht abschließend geklärt (vgl. Kreyenfeld & Konietzka 2008: 136). Zwar gibt es bereits vielfältige Forschungsergebnisse in diesem Bereich, die als Gründe für z.B. den Aufschub einer Elternschaft die verlängerten Ausbildungszeiten, die zunächst wichtigere Selbstverwirklichung[6], den veränderten Stellenwert von Familie (vgl. Huinink 1995: 250) und den Funktionswandel von Kindern in der Gesellschaft[7] nennen (vgl. Feldmann 2006: 150), die einen Zusammenhang von finanziellen Ressourcen (z.B. dem Einkommen) und der Elternschaftsentscheidung aufzeigen[8] (vgl. Brose 2008; Friedmann, Hechter & Kanazawa 1994), doch widersprechen sich diese zum Teil in der Richtung ihres Einflusses[9] (vgl. Brose 2008: 32) bzw. fehlt auch weiterhin ein vollständiges Bild, das das Verhalten der Akteure im Entscheidungskontext erklären kann. Ein solches Bild müsste nicht nur erklären können, warum Personen ihre Elternschafts-entscheidung ins höhere Lebensalter aufschieben, sondern auch, warum gerade in manchen Fällen genau umgekehrt eine Elternschaft im Lebenslauf vorgezogen wird. Nur dann könnte es den Anspruch erheben, die Umsetzung der ersten Elternschaft im Entscheidungskontext richtig abbilden zu können.

Dieses Bild des Verhaltens der Umsetzung einer ersten Elternschaft durch die Berücksichtigung des Entscheidungskontextes zu vervollständigen, ist das Ziel dieser Forschungsarbeit. Dabei soll mittels der Daten des *Generations and Gender Surveys* (GGS) geklärt werden, inwieweit sich vor allem über den Unsicherheitscharakter der dargestellten Entscheidung der Aufschub oder die

[6] Vor allem die verlängerten Ausbildungszeiten sorgten gerade bei jüngeren Menschen (z.B. Studierenden) für die Entstehung neuer Lebensphasen, die aufgrund ihrer Unbestimmtheit dem Einzelnen mehr Zeit für sich selbst und die eigene Entwicklung ließen und so für den Aufschub einer Elternschaft sorgten (vgl. Vaskovics & Rupp 1995: 14-15).

[7] So dienen Kinder nicht mehr der Statuszuweisung von Männern und vor allem Frauen oder als Produktionsfaktor für materielle Güter, sondern haben nach Feldmann (2006) nur noch die Funktion, einen emotionalen Nutzen zu liefern (Feldmann 2006: 150).

[8] So z.B. Friedmann, Hechter & Kanazawa (1994), die sagen, dass sich vor allem über die Wahrnehmung der hohen Kosten eines Kindes die seit Jahren sinkende Fertilitätsrate erklären lässt (vgl. Friedmann, Hechter & Kanazawa 1994: 380).

[9] Dieses Problem wird z.B. im Rahmen der Darstellung der Elemente biographischer Sicherheit deutlich, in denen einige kontroverse Ergebnisse bisheriger Forschungen genannt werden (vgl. 2.5.1 und 2.5.2). Diskutiert wird beispielsweise die Wirkung des Einkommens von Frauen in Bezug auf ihre Elternschaftsentscheidungen (vgl. 2.5.1).

Unterlassung einer ersten Elternschaft erklären lässt. Da ein solch spezielles Verhalten von vielen unterschiedlichen Einflussfaktoren abhängt und daher recht kompliziert zu analysieren ist (vgl. Ajzen 1991: 179-180), wird ein auf der Basis der *Theorie geplanten Verhaltens* (TOPB) entwickeltes Untersuchungsmodell verwendet, um die Intention der Umsetzung einer ersten Elternschaft zu erklären (vgl. 3.2.2).

Die Untersuchung lässt sich in fünf Teilbereiche gliedern. Im ersten Teil der Arbeit (vgl. 2.) werden die zum Verständnis der Untersuchung notwendigen theoretischen Grundlagen des Forschungsfeldes dargelegt. In diesem Zuge wird auch erklärt, warum gerade der Unsicherheitscharakter der Entscheidung die Umsetzung einer ersten Elternschaft erklären können soll (vgl. 2.3). Im Zentrum der Betrachtung stehen dabei die *Elemente biographischer Sicherheit*, aus denen sich Unterschiede in der Wahrnehmung der Unsicherheit der Zukunft und schlussendlich auch die unterschiedlichen Intentionen der Umsetzung einer ersten Elternschaft ergeben sollen (vgl. 2.5).

Im zweiten Teil der Arbeit (vgl. 3.) werden dann die allgemeine Fragestellung und der Aufbau der Untersuchung erläutert sowie ein für die Analysen entwickeltes Untersuchungsmodell vorgestellt und anschließend in Hypothesen überführt.

Bevor im vierten Teil der Untersuchung (vgl. 5.) die aufgestellten Hypothesen empirisch überprüft werden, werden im dritten Teil der Arbeit (vgl. 4.) in einer univariaten Analyse neben der zu untersuchenden Stichprobe auch die in den Analysen verwendeten Variablen und Konstrukte vorgestellt. Im fünften Teil der Arbeit (vgl. 6.) steht dann eine Zusammenfassung der Ergebnisse der Untersuchung und deren kritische Diskussion im Hinblick auf die allgemeine Fragestellung der Untersuchung.

Bevor nun im Rahmen des theoretischen Hintergrundes der Arbeit in die allgemeine Problematik der Untersuchung, mit der Betrachtung des allgemeinen Kernproblems von Entscheidungen, eingeführt wird, muss zunächst noch eine grundlegende Annahme der Untersuchung dargelegt werden, die in Bezug auf die in der Untersuchung angenommenen theoretischen Modelle (vor allem die *Theorie geplanten Verhaltens*) notwendig ist. Dies ist die Annahme eines rationalen Verhaltens der Akteure.

2. Theoretischer Hintergrund

2.1 Zur Rationalität der Akteure

In der vorliegenden Untersuchung wird davon ausgegangen, dass Menschen rational handeln und entscheiden und entsprechend der Rational-Choice(RC)-Theorie „diejenigen Handlungen durchführen, die ihnen den größten Nutzen verschaffen" (Burkart 1994: 54). Dies ist jedoch eine nicht ganz unproblematische und zum Teil recht umstrittene Annahme, die einiger Modifikationen bedarf, um sie für die Untersuchung nutzbar zu machen. Im Folgenden seien die meiner Meinung nach wichtigsten Kritikpunkte genannt, die sich im Rahmen der bisherigen RC-Theorie nicht eindeutig widerlegen lassen[10]:

Ein Problem der RC-Theorie ist, dass sie davon ausgeht, dass die Menschen (Akteure) auf der Grundlage von Informationen, ihren Wünschen und Zielen, über die sie sich zugleich auch im Klaren sind, zwischen den Handlungsalternativen auswählen (Burkart 1994: 54). Wie Burkart (1994) jedoch zu Recht anmerkt, kann nicht davon ausgegangen werden, dass den Akteuren ihre Ziele, aber auch die Folgen (Nutzen oder Kosten) von Entscheidungen immer so klar sind (vgl. Burkart 1994: 73-76). Dies trifft in besonderem Maße auf Entscheidungen zu, die weit in die Zukunft reichenden Folgen haben (vgl. Burkart 1994: 73-76).

---

[10] Ein weiterer Kritikpunkte an der RC-Theorie ist nach Burkart (1994), dass sich viele Entscheidungen und Handlungsweisen damit nicht richtig erfassen oder gar empirisch abbilden lassen, da diese auf ein reines Kosten-Nutzen-Kalkül reduziert würden (vgl. Burkart 1994: 73-76). Hier nennt er vor allem emotionale oder scheinbar irrationale Verhaltensweisen und an Normen orientierte Entscheidungen (vgl. Burkart 1994: 73-76). Dieser Kritikpunkt greift meiner Meinung nach jedoch nicht unbedingt, da einem Individuum Emotionen ebenfalls einen Nutzen (z.B. Freude, Liebe usw.) oder Kosten (emotionalen Stress) einbringen können und so mit in eine Kosten-Nutzen-Abwägung einfließen können. Gleiches gilt für die Orientierung an Normen. Sie zu ignorieren kann einem Individuum Kosten einbringen, die höher wären, als solche Normen zu befolgen. Beispielhaft können über umgebende Normen einer Bezugsgruppe sogar Annahmen von Rationalitäten vermittelt oder gar gebildet werden (vgl. Witte 1987: 209; Forgas 1999: 269-270). So ist aus der Sozialpsychologie bekannt, dass Mitglieder einer Gruppe ihre Meinungen, Ziele und Wertorientierungen an denen ihrer Gruppe anpassen (vgl. Witte 1987: 209-210; Forgas 1999: 272, 269-270).

Ein weiteres Problem der Annahme rational handelnder Akteure ist nach Burkart (1994), dass der Kontextzusammenhang der Situation des Einzelnen und der Lebenslaufbezug für seine Entscheidungsfindung in der RC-Theorie nicht beachtet werden (vgl. Burkart 1994: 73,75). Stattdessen werden nur Kosten-Nutzen-Abwägungen für Zukunftsentscheidungen getroffen, in denen die Vergangenheit einer Person unberücksichtigt bleibt (vgl. Burkart 1994: 73,75). Diese ist jedoch wichtig für den Akteur, da sich darauf seine zukünftigen Handlungsweisen ergeben – so beschreibt es z.B. die *biographische Theorie der Fertilität* (vgl. 2.4).

Da die grundlegenden Annahmen der RC-Theorie in Bezug auf die in der Arbeit verwendeten theoretischen Modelle (z.B. die *Theorie geplanten Verhaltens*) notwendig sind, wird versucht, diese in Einklang mit den von Burkart (1994) aufgestellten Kritikpunkten zu bringen. Dies lässt sich am einfachsten durch eine Beschränkung der Rationalität der Akteure erreichen. Dazu werden, entsprechend einem Vorschlag von Huinink und Konietzka (2007), die in der RC-Theorie getroffenen Annahmen um folgenden Punkt erweitert: Die Rationalität der Akteure sei durch ihre Subjektivität begrenzt (vgl. Huinink & Konietzka 2007: 53). Unter rationalem Verhalten wird hier also im Sinne einer ‚bounded rationality' subjektiv rationales Verhalten verstanden. Subjektive Rationalität bedeutet dabei, dass die Akteure versuchen, auf der Basis ihres subjektiven Bewusstseins, ihrer subjektiven Wahrnehmung und ihres subjektiven Wissensstandes diejenigen Handlungen durchzuführen, die für sie den subjektiv größten Nutzen bedeuten[11]. Dabei wägen die Akteure die Kosten und den Nutzen einer Entscheidung sowie der Mittel zum Erreichen ihrer Ziele vor dem Hintergrund ihrer „innere[n] Gelegenheitsstrukturen"[12] ab und entscheiden sich für diejenige Handlungsweise, die ihnen als die sinnvollste erscheint (Huinink 2001: 152).

Über den subjektiven Bezug und die damit verbundene Begrenzung der Rationalität der Akteure werden die von Burkart (1994) aufgezeigten Probleme der RC-Theorie weitgehend gelöst. Der Einbezug der Subjektivität der Akteure erzeugt nach Huinink und Konietzka (2007) einen „viel größeren Raum" für „subjektive Dispositionen", die sonst unberücksichtigt blieben (Huinink & Konietzka 2007:

[11] Dies kann auch der Erhalt der eigenen Situation sein.

[12] Unter inneren Gelegenheitsstrukturen versteht Huinink (2001) die individuellen Präferenzen und die psychosozialen Dispositionen eines Akteurs (vgl. Huinink 2001: 152).

53). So können nun auch emotionale oder scheinbar irrationale Entscheidungen eines Akteurs von der RC-Theorie erfasst werden, solange sie auf für den Akteur begründbare Kriterien zurückgehen und durch den Akteur bewusst getroffen wurden (ansonsten wäre die Handlungsweise des Akteurs affektiv gewesen). Auch werden durch den in die Theorie eingebrachten Bewusstseinsbezug ein Kontext-zusammenhang und eine Abhängigkeit der Entscheidungen eines Akteurs von seinem Lebenslauf gebildet. Entscheidungen werden nun nämlich auf der Basis vergangener Erfahrungen und Verhaltensweisen und der in seinem Bewusstsein enthaltenen Informationen getroffen[13] (vgl. Huinink 2001: 153).

2.2 Das Problem der Entscheidung

Entscheidungen sind allgemein dadurch charakterisiert, dass einem Individuum mehrere Handlungsmöglichkeiten zur Verfügung stehen, die sich gegenseitig „zumindest zur gleichen Zeit" ausschließen, so dass nur eine realisiert werden kann (Burkart 1994: 72). Dies mag bei kleineren alltäglichen Entscheidungen keine große Rolle spielen, ist bei weit reichenden Entscheidungen mit länger anhaltenden Konsequenzen jedoch von großer Bedeutung. Denn alles Handeln findet auch in der Zeit statt (vgl. Huinink & Konietzka 2007: 51). Dementsprechend kann es sein, dass sich eine Handlungsoption, für die man sich nicht entschieden hat, irgendwann nur noch schwer oder gar nicht mehr realisieren lässt, da z.B. die Voraussetzungen der Entscheidung nicht mehr gegeben sind oder sich die Handlungsoptionen gegenseitig ausschließen. Die einzelnen Handlungsoptionen müssen dementsprechend gut gegeneinander abgewägt werden, und das nicht nur in ihren Ergebnissen (Outcomes), sondern auch in ihrer Eintrittswahrscheinlichkeit. Schließlich nützt es wenig, sich für eine möglicherweise attraktive Handlungsoption zu entscheiden, die kaum Aussicht darauf hat, einzutreten. Bei diesem Abwägen ist der Grad an Informationen und das Wissen, das man über eine Entscheidungssituation und ihre möglichen Outcomes besitzt, von großer Bedeutung. Denn mangelndes Wissen oder fehlende Informationen können zur Verschlechterung der Einschätzbarkeit der Anzahl der möglichen unterschiedlichen Outcomes einer Entscheidung und ihrer

[13] Waren vergangene Handlungsweisen erfolgreich, könnten diese – als Erfahrung abgespeichert – ähnliche Verhaltensweisen fördern (vgl. Huinink 2001: 153).

Eintrittswahrscheinlichkeit führen (vgl. Birg 1992: 198). Auch kann mangelndes Wissen dazu führen, dass einem gar nicht alle möglichen Handlungsmöglichkeiten bewusst sind (vgl. Birg 1992: 198).

Sofern nun die Folgen der Handlungsalternativen einer Entscheidung nicht eindeutig bestimmbar sind, werden sie im Ergebnis ‚unsicher' (vgl. Dyckman u.a. 1969: 31-32). Doch auch wenn sich die Outcomes einer Entscheidung in ihrer Eintrittswahrscheinlichkeit einschätzen lassen, kann im Normalfall nicht von ‚sicheren' Entscheidung gesprochen werden. Dies verdeutlicht die Unterteilung der Entscheidungen unter Unsicherheit, in Entscheidungen unter Ungewissheit und Entscheidungen unter Risiko[14] (vgl. Rumianek 1985: 12):

Soweit es sich bei der ersten Kategorie um eine Situation handelt, in der die Ergebnisse einer Entscheidung, zumindest aber ihr Eintreten ungewiss ist (z.B. aufgrund eines Mangels an Informationen), handelt es sich im Gegenzug bei einer Entscheidung unter Risiko um eine Situation, in der die Eintrittswahrscheinlichkeit der möglichen Ergebnisse zumindest geschätzt oder errechnet werden kann (vgl. Rumianek 1985: 12). Unsicherheit lässt sich dementsprechend definieren als fehlende Determination der Ergebnisse einer Entscheidung oder einer Handlungsweise (vgl. Dyckman u.a. 1969: 31-32). Für den Entscheidungsprozess folgert Dyckman (1969) daher: „If a process of change[15] can lead to more than one possible outcome, the outcomes are uncertain" (Dyckman u.a. 1969: 31).

Das grundlegende Problem der Entscheidung ist also nicht die Anzahl an Handlungsalternativen[16] oder ob sich die Eintrittwahrscheinlichkeit der Outcomes einschätzen lässt, sondern, dass sie bei fehlender Determination im Ergebnis

---

[14] Dabei sei Risiko definiert als eine „bewusst und unter Umständen genau kalkuliert eingegangene Gefahr von Eintrittswahrscheinlichkeiten von schädigenden Ereignissen, die durch individuelle oder öffentliche Entscheidung eingegangen oder vermieden werden" (vgl. im Internetlexikon Wissen.de unter http://www.wissen.de/wde/generator/wissen/ressorts/gesundheit/medizin/index,page=1226282.html; 04.11.2008).

[15] Die Betonung, dass es sich um einen „process of change" handeln muss, der zu mehr als einem Ergebnis führen kann, macht deutlich, dass Unsicherheit das Ergebnis fehlender Determination ist. Sie kann folglich nur entstehen, wenn die möglichen Ergebnisse einer Entscheidung zufälliger Natur sind (vgl. Dyckman u.a. 1969: 31-32).

[16] Wobei mit steigender Zahl der Handlungsalternativen diese unüberschaubar werden und so die Unsicherheit über die Ergebnisse zusätzlich verstärken können.

generell unsicher ist. Ein Problem, das vor allem auf biographische Entscheidungen[17] zutrifft. Zwar lässt sich mitunter die Wahrscheinlichkeiten des Eintretens einzelner Handlungsalternativen in begrenztem Maße abschätzen, doch sorgt auch hier die weiterhin fehlende Determination der Handlungsalternativen, und vor allem die Kontingenz der Zukunft, für Unsicherheit über mögliche Outcomes einer Entscheidung und damit für Unsicherheiten über die eigene Zukunft. Diese Unsicherheit wird von Wohlrab-Sahr (1993) auch als biographische Unsicherheit bezeichnet (vgl. Wohlrab-Sahr 1993: 11f.). Sie verschärft sich bei Lebenslaufentscheidungen, die lang anhaltende oder spät eintretende Konsequenzen haben (vgl. Huinink 2001: 154). Denn je weiter die Folgen einer Entscheidung in der Zukunft liegen, umso schlechter lassen sich die Folgen einer Entscheidung einschätzen oder bewerten, da sie über die Zeit hinweg vielen unterschiedlichen Einflüssen ausgesetzt sind (vgl. Huinink 1995: 157; Huinink 2001: 154). Eine solche Entscheidung unter biographischer Unsicherheit ist die Entscheidung der Umsetzung einer ersten Elternschaft (vgl. Rupp & Blossfeld 2008: 157).

2.3 Die Entscheidung zur ersten Elternschaft – eine Entscheidung unter biographischer Unsicherheit

Im Falle der Entscheidung zur Umsetzung einer ersten Elternschaft ist die Gefahr der biographischen Unsicherheit besonders groß, da diese zumeist das gesamte spätere Leben der Akteure betrifft (vgl. Huinink & Konietzka 2007: 162; Huinink 1995: 295). Denn hier ergeben sich für die Akteure gerade langfristige Folgen für den Lebenslauf, da sich ein Kind nicht einfach wieder abschaffen lässt (vgl. Huinink & Konietzka 2007: 162; Huinink 1995: 295; Rupp & Blossfeld 2008: 157). Eine Elternschaft setzt daher ein „langfristiges Orientierungsschema“ (Huinink 1995: 295) der Lebenslaufplanung beider Partner voraus, das zumeist nur noch schwer zurückzunehmen ist (vgl. Birg 1992: 199). Denn Kinder bedeuten neben den langfristig bindenden Folgen für den Lebensweg im Normalfall hohe und vor allem langwierige Kosten[18], die sich vorher nicht unbedingt absehen lassen und sich

[17] Mit biographischen Entscheidungen sind Entscheidungen gemeint, die im Rahmen der Erstellung der eigenen Biographie den weiteren Lebensverlauf strukturieren.

[18] So muss mit lang anhaltenden Ausbildungs-, Erziehungs- und Versorgungskosten der Kinder gerechnet werden (vgl. Brose 2008: 31). Huinink & Konietzka bezeichnen diese

dem Akteur als Opportunitätskosten[19] bieten können (vgl. Brose 2008: 31; Burkart 1994: 247-248). Diese Kosten können von einfachen finanziellen und zeitlichen Belastungen[20] bis hin zum Verlust von Lebenslaufoptionen reichen[21] und den Unsicherheitscharakter der Entscheidung weiter verstärken. Denn die Akteure müssen sich, während sie ihre Zukunft nicht kennen, fragen, ob sie mögliche Kosten schultern könnten.

Zusätzlich zu den gestiegenen Kosten haben Kinder noch an Nutzen eingebüßt. So stellen sie im Gegensatz zu früher „keinen Produktionsfaktor mehr dar" (Brose 2008: 31) und liefern nur noch einen ideellen und emotionalen Nutzen (z.B. das Gefühl von Erfüllung; vgl. Brose 2008: 31; Feldmann 2006: 150), der schnell mit anderen Lebensbereichen (z.B. Freizeit oder Karriere) kollidieren kann, was das Abwägen der Kosten und Gefahren der Unsicherheit der Entscheidung auf der einen Seite gegenüber dem Nutzen von Kindern auf der anderen Seite weiter erschwert.

Nun lässt sich – wie eingangs beschrieben – festhalten, dass viele Paare eine Elternschaft nicht mehr in jedem Fall eingehen, sondern häufig kinderlos bleiben oder eine erste Elternschaft bis ins höhere Lebensalter aufschieben (vgl. Huinink & Konietzka 2007: 98; Borchardt & Stöbel-Richter 2004: 61). Um nun die Frage zu

---

Kosten auch als direkte Kosten, die für ein Kind aufgebracht werden müssen (vgl. Huinink & Konietzka 2007: 50). Diese sind von den indirekten Kosten zu unterscheiden, unter denen „der entgangene Nutzen einer Handlung" verstanden werden kann (Huinink & Konietzka 2007: 50).

[19] Opportunitätskosten sind ein Beispiel für indirekte Kosten, die sich einem Akteur in diesem Fall bieten können. Darunter wird z.B. die Zeit gefasst, die Akteure aufgrund einer Handlungsweise verlieren und dadurch nicht mehr für andere Handlungen einsetzen können (vgl. Huinink & Konietzka 2007: 50). Weitere indirekte Kosten sind Begleitkosten (Kosten, die durch die Handlung eines – in diesem Fall – Kindes verursacht werden) und Trennungskosten (Kosten, die bei der Trennung einer Partnerschaft für die Partner entstehen) (vgl. Huinink & Konietzka 2007: 50).

[20] Dabei gelten sie in Deutschland mittlerweile sogar als finanzielles Armutsrisiko (vgl. Günther 2002: 259-260).

[21] Gerade für Frauen kann ein Kind/eine Schwangerschaft das Risiko mit sich bringen, dass ein Wiedereinstieg in das Berufsleben verwehrt wird (vgl. Borchardt & Stöbel-Richter 2004: 50-51). Vor allem bei höherem Ausbildungsniveau steigen die Opportunitätskosten einer Schwangerschaft – schließlich wurden Zeit und Geld in eine lange Ausbildung investiert und somit gehen die dadurch möglichen höheren Einkommen und „beruflichen Entfaltungsmöglichkeiten" verloren (Burkart 1994: 250).

beantworten, ob der Unsicherheitscharakter der Entscheidungen dabei helfen kann, das Verhalten der Akteure zu erklären, muss genau betrachtet werden, welche Rolle die Unsicherheit in diesem Zusammenhang spielt und inwiefern sie sich zwischen den einzelnen Akteuren unterscheiden kann, da die beschriebene Ausgangsproblematik (das Vorhandensein von Unsicherheit) zunächst für alle Akteure gleich ist (vgl. 2.2). Dies lässt sich am ehesten an der Betrachtung bewerkstelligen, wie die einzelnen Akteure sich den Pfad einer Elternschaft überhaupt erschließen. Eine Theorie, die diesen Zusammenhang genauer thematisiert, ist die *biographische Theorie der Fertilität.*

2.4 Die biographische Theorie der Fertilität – ein Weg aus der Unsicherheitsfalle?

Die *biographische Theorie der Fertilität* betrachtet die Umsetzung einer Elternschaft als eine Entscheidung zwischen mehreren Optionen, die „auf dem Prinzip der Wahlakte" beruht (Birg 1992: 198). Dabei konzentriert sie sich „auf die Frage, warum bei einem Individuum bestimmte Elemente in der Wahlmenge" (der Entscheidungsoptionen) vorhanden sind (Birg 1992: 198). Die Theorie geht also der Frage nach, warum manchen Akteuren eine Elternschaft als Handlungsoption im Lebenslauf offensteht und anderen nicht. Diese werden in der Theorie als „das Ergebnis von biographieinterne[n] [...] Handlungen und Ereignissen sowie [...] biographieexterner Vorgaben" gesehen (Birg 1992: 198-199). Entscheidungen sind der biographischen Theorie der Fertilität entsprechend folglich nicht voneinander unabhängig. Damit zeigt die Theorie, dass sich der Weg einer Elternschaft nicht ohne Probleme erschließen lässt. Denn „ob in einer bestimmten Lebensphase eine Entscheidungssituation überhaupt auftritt [...] hängt [...] davon ab, welche Entscheidungen in früheren Lebensphasen getroffen wurden" (Birg 1992: 199). Es müssen also zunächst mehrere Vorentscheidungen getroffen werden, um sich den Pfad der Elternschaft zu erschließen (vgl. Huinink 1995: 295). Jede dieser Entscheidungen lässt sich dabei als ein Element der Biographie des Einzelnen verstehen[22], das jeweils für eine gewisse Strukturierung der nachfolgenden

[22] In der *biographischen Theorie der Fertilität* werden diese Elemente, aus denen sich später der Lebenslauf zusammensetzt, auch als biographische Sequenzen bezeichnet (vgl. Birg

Elemente, d.h. des weiteren Lebensverlaufs eines Akteurs, sorgt und weitere Entscheidungen eröffnet oder nach sich zieht (vgl. Birg 1992: 201). Damit handelt es sich bei der Entscheidung zur ersten Elternschaft um eine Reihe von verketteten Entscheidungen (Elementen), an deren Ende eine Elternschaft stehen kann, was jedoch in Bezug auf das Ausgangsproblem – die Unsicherheit der Entscheidung – eine Verschärfung bedeutet. Denn alle Entscheidungen innerhalb dieser Kette unterliegen zu einem gewissen Grad der biographischen Unsicherheit, da sie nicht determiniert sind, und können daher mögliche Risiken einer Falschentscheidung bieten.

Bei näherer Betrachtung lässt sich an dieser Stelle jedoch eine Lösung des Unsicherheitsproblems für die Akteure finden. Denn wie Huinink und Konietzka (2007) anmerken, handlungsentscheidend sind letztlich „nicht die objektiven Handlungsbedingungen der Menschen, sondern das, was die Menschen davon wahrnehmen" (Huinink & Konietzka 2007: 52). Also auch die *wahrgenommene Unsicherheit*! Und genau darin unterscheiden sich die einzelnen Elemente in der Kette von Entscheidungen. Denn diese variieren in ihren Konsequenzen und in ihrer Strukturierungswirkung für den weiteren Lebenslauf der Akteure und damit auch in ihrem Unsicherheitscharakter. Beispielsweise hat die generelle Bereitschaft, eine Elternschaft umzusetzen, als notwendige und grundlegendste Vorentscheidung einer jeden ersten Elternschaft, nicht so umfangreiche Konsequenzen wie z.B. die Entscheidung zur zeitlichen Umsetzung einer Schwangerschaft, also der Timing-entscheidung[23]. Einfachere Entscheidungen in der Kette können jedoch demnach nicht nur leichter gefällt werden, sie eröffnen entsprechend der *biographischen Theorie der Fertilität* auch weiterführende Entscheidungen, die sie auf der Grundlage des bisher eingeschlagenen Pfades für die Akteure gegebenenfalls attraktiver werden lassen. Dies geschieht vor allem darüber, dass sie auf der Basis von bisher getroffenen Vorentscheidungen die Unsicherheit der Akteure über die Zukunft reduzieren, indem sie über die Verringerung der entstehenden Handlungs-

---

1992: 201; Maul 2007: 8).

[23] Dementsprechend, so lässt sich mit den Daten des Familiensurveys 2000 feststellen, sind beide Entscheidungen von unterschiedlichen Faktoren abhängig. Während die Entscheidung Elternschaft vs. Kinderlosigkeit von der Bildung, dem Alter und der Einstellung einer Person zu Kindern abhängt, entscheidet sich das Timing einer ersten Elternschaft zudem anhand von Ressourcenabwägungen (vgl. Mönkediek 2008: 56).

optionen eine Erwartbarkeit der übrigen möglichen Ergebnisse des gewählten Pfades schaffen (vgl. Friedmann, Hechter & Kanazawa 1994: 383-384; Huinink, Strohmeier & Wagner 2001: 155-156). So erzeugen sie eine gewisse Fiktion von *biographischer Sicherheit*[24]. Dies ist wohlgemerkt nur eine „Fiktion einer relativen zukünftigen Eindeutigkeit des eigenen Lebensverlaufs" (Pelizäus-Hoffmeister 2006a: 31), da die biographische Sicherheit nie durch die Akteure erreicht werden kann. Die Ursache dafür ist das weiterhin bestehende Problem der Kontingenz der Zukunft, das sich nicht beseitigen lässt und von dem auch weiterhin jede Entscheidung in der Kette betroffen ist (vgl. Pelizäus-Hoffmeister 2006a: 31). Doch diese Fiktion biographischer Sicherheit, die von den Akteuren, um handlungsfähig zu bleiben, aktiv hergestellt werden muss[25], vor allem da mit der Erweiterung der möglichen Handlungsoptionen im Lebenslauf dieser „immer mehr von den Entscheidungen der handelnden Subjekte abhängig" wird (Bonß, Hohl & Jakob 2001: 155), liefert die Erklärung für die unterschiedlichen Verhaltensweisen der Akteure:

Eine erste Elternschaft wäre in diesem Zusammenhang dann die Folge einer Strukturierung des Lebenslaufes in der Form, dass seine nach und nach durch die Akteure hinzugefügten Elemente die Unsicherheit über die Zukunft so weit reduziert haben, dass eine Elternschaft als Handlungsoption für sie attraktiv erscheint und somit umgesetzt wird. Wäre diese Annahme korrekt, würde dies im Umkehrschluss bedeuten, dass der bewusste Aufschub oder die bewusste Vermeidung einer ersten Elternschaft die Folge einer bisher unzureichenden Reduzierung der Unsicherheit der Entscheidung durch die bisher bestehenden Elemente der Biographie wäre. In diesem Fall scheint ein Aufschub oder auch eine Vermeidung von Festlegungen im Lebenslauf die sichere und nur zu verständliche Handlungsoption der Akteure zu sein. Denn abzuwarten, bis sich die

---

[24] *Biographische Sicherheit* kann nach Bonß, Hohl & Jakob (2001) „mit [der] Erwartbarkeit, Planbarkeit und Vorhersehbarkeit des eigenen Lebenslaufes gleich[gesetzt]" werden (Bonß, Hohl & Jakob 2001: 155).

[25] Sie brauchen dazu diese Fiktion biographischer Sicherheit, um an ihr ihre Rationalitäten orientieren zu können, denn sie können nicht „in völlig offenen Situationen handeln" (Pelizäus-Hoffmeister 2006: 4). Dementsprechend ziehen sie auch riskante Situationen, in denen die Ergebnisse und deren Wahrscheinlichkeiten einschätzbar sind, unsicheren Situationen, in denen dies nicht der Fall ist, vor (vgl. Friedmann, Hechter & Kanazawa 1994: 382).

Entscheidungssituation verändert hat oder um zunächst Informationen zur Verbesserung der Einschätzbarkeit der Entscheidungssituation zu sammeln, sind Möglichkeiten, die für den Akteur zunächst am wenigsten Risiko bedeuten, um ihre Entscheidungssicherheit zu verbessern[26] (vgl. Friedmann, Hechter & Kanazawa 1994: 382).

Doch nicht alle Akteure setzen eine Elternschaft um oder schieben diese auf. Die Frage ist, ob sich auch der Fall, dass jemand eine Elternschaft im Lebenslauf vorzieht, innerhalb des bisher dargestellten theoretischen Rahmens erklären ließe. Auch hier lässt sich eine eindeutige Antwort finden: Viele Akteure beschränken im alltäglichen Leben ihre Handlungsoptionen selbstständig, um über die reduzierte Anzahl von überschaubaren Handlungsalternativen wieder ihre Handlungsfähigkeit herzustellen[27] (vgl. Weymann 2003: 171). Dieses Verhalten ist auch im Fall von Lebenslaufentscheidungen wiederzufinden. Wie Friedmann, Hechter & Kanazawa (1994) feststellen, ist z.B. die frühe Heirat eine Strategie, um durch die Strukturierung des weiteren Lebenslaufes und der sich damit verringernden Handlungsoptionen eine Erwartbarkeit der übrigen möglichen Ergebnisse des gewählten Pfades und damit Entscheidungssicherheit zu schaffen (vgl. Friedmann, Hechter & Kanazawa 1994: 383-384; Huinink, Strohmeier & Wagner 2001: 155-156). Dieser Aspekt lässt sich auch auf eine frühe Schwangerschaft übertragen. Eine Elternschaft kann also (wie oben dargestellt) eine Folge der ausreichenden Strukturierung des eignen Lebenslaufes sein oder genau umgekehrt im Extremfall selbst ein Element zur Strukturierung des Lebenslaufes darstellen. Dies wäre aber nur in Fällen zu erwarten, in denen ebenfalls die Elemente in der eigenen Biographie, die biographische Sicherheit schaffen – kurz gesagt, *die Elemente biographischer Sicherheit* –, unzureichend vorhanden sind.

Die *Elemente biographischer Sicherheit* scheinen, zusammen mit dem Unsicherheitscharakter der Entscheidung, ein guter Schlüssel zu sein, um die

[26] Wobei natürlich auch das Abwarten oder der Aufschub einer Entscheidung sich rächen kann, vor allem dann, wenn die Entscheidungen nicht zu jeder Zeit zugänglich sind. Auch wird das Problem der Kontingenz der Zukunft also effektiv gesehen nicht überwunden!

[27] Weymann (2003) beschreibt diesen Zusammenhang am Beispiel von Institutionen (z.B. der Ehe), denen sich Individuen freiwillig unterwerfen, um Risiken zu verringern und um über die reduzierte Anzahl von überschaubaren Handlungsalternativen ihre Handlungsfähigkeit wiederherzustellen (vgl. Weymann 2003: 171).

unterschiedlichen Verhaltensweisen der Akteure erklären zu können. Ob dem tatsächlich so ist, müsste aber nachgewiesen werden, denn die bisherigen Zusammenhänge wurden nur theoretisch hergeleitet. Ließe es sich also empirisch nachweisen, dass die Umsetzung einer ersten Elternschaft tatsächlich vom Vorhandensein solcher *Elemente biographischer Sicherheit* abhängt, könnte auch eine Erklärung der Verhaltensweisen der Akteure über den generellen Unsicherheitscharakter der Entscheidung erfolgen. Es gilt also die Abhängigkeit der verschiedenen Verhaltensweisen der Akteure im Rahmen der Umsetzung einer ersten Elternschaft von den *Elementen biographischer Sicherheit* statistisch nachzuweisen.

Dazu müssten die *Elemente biographischer Sicherheit* jedoch zunächst definiert und genau bestimmt werden, um sie für eine spätere empirische Überprüfung operationalisierbar zu machen. Eine bedeutende Schwierigkeit ist dabei, dass, während sich einige dieser *Elemente biographischer Sicherheit* durch verschiedene vorgegebene institutionelle Strukturen (z.B. durch das Bildungssystem) ergeben, die Mehrheit dieser Elemente von den Akteuren selbst aktiv hergestellt und in den Lebenslauf integriert werden muss. Denn mit der Erweiterung der möglichen Handlungsoptionen im Lebenslauf „wird der Lebenslauf immer mehr von den Entscheidungen der handelnden Subjekte abhängig“ (Bonß, Hohl & Jakob 2001: 155). Das Problem ist nun, dass sich damit die *Elemente biographischer Sicherheit* in ihrer Bedeutung, ihrer Form, aber auch in ihrer Wirkung sowie der Richtung der Wirkung von Akteur zu Akteur unterscheiden können (vgl. Pelizäus-Hoffmeister 2006a: 31-33). Denn welche Elemente einem Akteur biographische Sicherheit verschaffen, hängt schlussendlich von der subjektiven Rationalität des Akteurs ab.

2.5 Die Elemente biographischer Sicherheit

Als *Elemente biographischer Sicherheit* lassen sich allgemein diejenigen Strukturen sowie daraus entstandenen aktuellen Gegebenheiten im Lebenslauf bestimmen, die für eine relative Eindeutigkeit, Erwartbarkeit und vor allem Planbarkeit des eigenen Lebenslaufes sorgen bzw. diese ermöglichen. Dabei geht es nicht primär um die Herstellung einer „Gesamtlebensgeschichte“, sondern eher um eine Planbarkeit zukünftiger „sachlich, zeitlich und/oder sozial begrenzte[r] Bereiche“ (Pelizäus-

Hoffmeister 2006a: 31), auf die sich dann die *Elemente biographischer Sicherheit* beziehen. Trotz der benannten Schwierigkeit, dass sich die *Elemente biographischer Sicherheit* von Akteur zu Akteur in ihrer Bewertung und Bedeutung unterscheiden können (vgl. Pelizäus-Hoffmeister 2006a: 31-32), lassen sich aus der aktuellen Forschungsliteratur etliche für die Mehrheit der Akteure in dem hier betrachteten Kontext gültige *Elemente biographischer Sicherheit* ableiten. Beispielweise lassen sich anhand der von Rupp und Blossfeld (2008) genannten Voraussetzungen für eine Elternschaft die materiellen sowie die partnerschaftlichen Rahmenbedingungen als bedeutsame *Elemente biographischer Sicherheit* identifizieren (vgl. Rupp & Blossfeld 2008: 158; Pelizäus-Hoffmeister 2006a: 32). Weitere Bereiche, in denen *Elemente biographischer Sicherheit* zu finden sind, nennt z.B. Pelizäus-Hoffmeister (2006a). So fügt sie, angelehnt an ein Arbeitspapier von Esser und Zinn (2001), z.B. die „Weltdeutungen" als für die biographische Sicherheit relevanten Bereich hinzu[28] (Pelizäus-Hoffmeister 2006a: 32-36). Darunter versteht sie die durch die Gesellschaft vermittelten Werte und Normen bzw. Deutungsmuster von Verhaltensweisen, die Akteure als Leitlinie ihres Handelns und Entscheidens nutzen können[29] (Pelizäus-Hoffmeister 2006a: 33).

Im folgenden Abschnitt der Untersuchung sollen verschiedene, von mir in Bezug auf die Elternschaftsentscheidungen als besonders wichtig erachtete *Elemente biographischer Sicherheit* vorgestellt werden. Diese wurden in Anlehnung an die von Rupp und Blossfeld (2008) bzw. Pelizäus-Hoffmeister (2006a) genannten Bereiche zusammengestellt und sollen später im empirischen Teil der Untersuchung mittels des *Generations and Gender Survey* (vgl. 3.4) auf ihren Einfluss auf die Timingintention der ersten Elternschaft hin untersucht werden (vgl. 5.).

[28] Insgesamt nennt Pelizäus-Hoffmeister (2006a) vier relevante Bereiche biographischer Sicherheitskonstruktionen. Diese vier Bereiche sind: die materielle Reproduktion (Erwerbsarbeit, finanzielle Ressourcen usw.), die soziale Sicherheit (Partnerschaften, Freundschaften, Verwandtschaften), aus der sich z.B. Transferleistungen und andere Beziehungsleistungen ergeben, die Weltdeutungen (über die Gesellschaft vermittelte Werte und Normen) und die Selbstdeutungen (z.B. Selbstsicherheit) (vgl. Pelizäus-Hoffmeister 2006a: 32-34). Alle diese Bereiche schaffen dabei, wie sie anmerkt, Erwartungssicherheiten und sind nicht als voneinander unabhängig zu betrachten, sondern als in Wechselbeziehung miteinander stehend (Pelizäus-Hoffmeister 2006a: 32).

[29] Hier nennt sie z.B. religiöse Überzeugungen, die die Handlungsweisen eines Akteurs leiten können (Pelizäus-Hoffmeister 2006a: 33).

2.5.1 Finanzielle Ressourcen und deren Bewertung

Da Kinder recht kostenintensiv sind und eine Elternschaft daher ein ausreichendes und sicheres Einkommen als Voraussetzung benötigt (vgl. Brose 2008: 31), stellen die finanziellen Ressourcen ein wichtiges *Element biographischer Sicherheit* dar[30]. Denn allgemein kann das Vorhandensein von finanziellen Ressourcen nicht nur Handlungsoptionen eröffnen, sondern ihr Mangel auch diese verwehren[31]. So merken auch Borchardt und Stöbel-Richter (2004) in ihren Untersuchungen an, dass eine Familiengründung normalerweise erst eingegangen wird, wenn ausreichend Ressourcen (und damit ein sicherer Rahmen) vorhanden sind[32] (vgl. Borchardt & Stöbel-Richter 2004: 51).

Dies lässt vermuten, dass mit steigenden finanziellen Ressourcen (also z.B. höherem Einkommen) eine Elternschaft wahrscheinlicher wird. So besagt z.B. die *ökonomische Theorie der Fertilität*, dass „grundsätzlich [eine] positive Beziehung zwischen dem Einkommen und der Kinderzahl“ besteht (Brose 2008: 32). Dieser Zusammenhang muss jedoch differenzierter betrachtet werden. Denn mit steigendem Einkommen erhöhen sich vielfach auch der Lebensstandard und damit die Ansprüche der Akteure an die Elternschaft, was den positiven Zusammenhang zwischen Einkommen und Fertilität, so Brose (2008), abschwächen oder gar aufheben kann (vgl. Brose 2008: 33).

Des Weiteren spricht gegen diese grundsätzliche Annahme der ökonomischen Theorie der Fertilität, dass der Einfluss finanzieller Ressourcen auf Elternschafts-entscheidungen nicht für alle Akteure in gleichem Maße gültig sein muss. So herrschen gerade bei Frauen und Männern unterschiedliche Voraussetzungen allein dadurch, dass „Frauen [...] den Großteil der Opportunitätskosten der Kindererziehung schultern“ (Brose 2008: 32). Je mehr sie dabei verdient haben,

---

30 Erzeugt werden sie vor allem über den Erwerbsmarkt, über den auch deren Bedeutung vermittelt wird (vgl. Wohlrab-Sahr 1993: 50).

31 Gerade Frauen konnten sich in der Vergangenheit mit der Zunahme an ökonomischer Unabhängigkeit breite Handlungsoptionen im Lebenslauf eröffnen (vgl. Huinink & Konietzka 2007: 160; Vaskovics & Rupp 1995: 20).

32 Dass ein solcher Zusammenhang zwischen getroffenen Entscheidungen zur Elternschaft und dem Vorhandensein von Ressourcen tatsächlich existiert, konnte auch Bien et al. mittels der Daten der ersten beiden Wellen des Familiensurvey bereits nachweisen (vgl. Onnen-Isemann 2003: 100-101).

umso höher gestalten sich nämlich die Opportunitätskosten, die mit einer Elternschaft eingegangen werden müssten. Denn sie verlieren (zumindest vorübergehend) mit einer Elternschaft ihr Einkommen (vgl. Brose 2008: 32; Kreyenfeld 2002: 18) und nicht selten ihre Berufschancen (vgl. Burkart 1994: 250). Für Frauen wäre daher ein negativer Effekt des Einkommens auf die Umsetzung einer Elternschaft zu erwarten (vgl. Brose 2008: 32), während für sie die Bedeutung des Einkommens ihres Partners zur finanziellen Absicherung zunehmen müsste. Dementsprechend, so Brose (2008), müsste sich ein positiver Effekt des Einkommens auf die Umsetzung einer Elternschaft auf die Männer beschränken (vgl. Brose 2008: 32).

Während sich für die Männer der vermutete Effekt eindeutig bestätigen lässt (vgl. Brose 2008: 49), zeigen neuste Untersuchungen in der empirischen Sozialforschung, dass sich der erwartete Zusammenhang für die Frauen in der Realität als Fehlschluss erweist (vgl. Brose 2008 & Kühn 2004). Mittels einer empirischen Untersuchung der Daten des Sozioökonomischen Panels stellt z.B. Brose (2008) fest, dass auch Frauen eher nach erfolgreicher „Etablierung am Arbeitsmarkt“ und nach der „Sicherung [ihrer] ökonomischen Position“ eine Elternschaft umsetzen (Brose 2008: 48-49). Zu gleichen Ergebnissen kommt Kühn (2004) in seinen Studien (vgl. Kühn 2004: 294-295). Mit der ökonomischen Sicherheit steigen demnach also auch bei Frauen die Umsetzungschancen einer ersten Elternschaft. Die Frage ist jedoch, inwieweit die Umsetzung einer Familiengründung in diesem Rahmen nicht doch mehrheitlich auf die ökonomische Situation des männlichen Partners statt der der Frau zurückgeht, da dessen berufliche Position, so macht Kühn (2004) es deutlich, im Rahmen der Fertilitätsentscheidung auch heute noch für viele Frauen einen besonderen Stellenwert einnimmt (vgl. Kühn 2004: 294). Eine weitere nach Geschlechtern getrennte Betrachtung des Einflusses der finanziellen Ressourcen in Bezug auf die Umsetzung einer ersten Elternschaft ist daher sinnvoll, um den Einfluss der Ressourcen erneut – und auch mit anderen Daten – zu kontrollieren.

Die Bedeutung der Etablierung am Arbeitsmarkt für beide Geschlechter (s.o.) weist jedoch auf einen weiteren wichtigen Aspekt des Einkommens hin, den es in den Analysen dieser Forschungsarbeit ebenfalls zu beachten gilt: die langfristige

Perspektive des Einkommens. Denn gerade die Perspektive eines *längerfristig ausreichenden Einkommens* kann dazu beitragen, dass das Unsicherheitsempfinden der Zukunft sinkt[33]. Dies wird ebenfalls von neusten empirischen Befunden von Brose (2008) unterstrichen, die darauf hindeuten, dass bei länger anhaltenden unsicheren Einkommensverhältnissen, z.B. länger andauernder Arbeitslosigkeit, die Chancen einer Familiengründung tatsächlich sinken (vgl. Brose 2008: 49). Dies gilt in ähnlicher Weise sogar für beide Geschlechter (vgl. Brose 2008: 49). Ein weiteres wichtiges und zu berücksichtigendes Element biographischer Sicherheit ist also die Bewertung der Arbeitsplatzsicherheit durch eine Person.

Doch nicht nur die Höhe der finanziellen Ressourcen und ihre Langfristigkeit sind als *Elemente biographischer Sicherheit* von Bedeutung, sondern vor allem auch deren allgemeine Bewertung. Denn gerade die Bewertung, was ein ausreichendes Einkommen darstellt, kann sich von Person zu Person unterscheiden und sich dementsprechend in einer unterschiedlichen Wahrnehmung einer Entscheidungssituation und schließlich in einem unterschiedlichen Verhalten äußern. Dementsprechend muss im Rahmen der Überprüfung aller Effekte des Einkommens die Bewertung der finanziellen Lage als Variable in die Analysen mit einfließen.

2.5.2 Wissen und Bildung

Mit dem Einkommen eng verwoben ist auch die Ressource des Wissens, also der Bildung einer Person. Denn mit dem Bildungsgrad einer Person steigen auch deren Einkommenschancen (vgl. Brose 2008: 33). Doch die Bildung hat neben diesem auch noch einen weiteren direkten Effekt als *Element biographischer Sicherheit.* Denn die Bildung eröffnet oder verschließt ebenfalls Handlungsoptionen (vgl. Birg 1992: 198). Ähnlich wie das Einkommen bedeutet eine höhere Bildung jedoch nicht zwangsläufig, dass eine Elternschaft mit einer höheren Wahrscheinlichkeit umgesetzt wird. Auch hier muss der Zusammenhang differenziert betrachtet werden.

[33] Darauf, dass das Bewusstsein der ökonomischen Unabhängigkeit ein bedeutender Einflussfaktor auf die Entwicklung der Fertilitätsrate ist, weist auch Onnen-Isemann (2003) hin ist (vgl. Onnen-Isemann 2003: 99).

Die verlängerten Ausbildungszeiten und der höhere Ausbildungsstandard führen dazu, dass eine Elternschaft vielfach erst später im Leben eingegangen wird. Dies geht darauf zurück, dass während der Ausbildung vielfach Abstand von einer Elternschaft genommen wird[34] – wobei die verlängerten Ausbildungszeiten auch als neue unbestimmte Lebensphasen vor allem zur Selbstverwirklichung genutzt werden (vgl. Vaskovics & Rupp 1995: 14-15) – bzw. nach der Ausbildung zunächst die berufliche Perspektive gesichert werden muss (vgl. Huinink 2001: 157; Maul: 2007: 4). Dabei verringert sich zudem das Zeitfenster, in dem die Handlungsoption Elternschaft noch umgesetzt werden kann, während sich gleichzeitig die Kosten einer Umsetzung, vor allem für Frauen, stark erhöhen. Denn mit der Ausbildungszeit steigen auch die Opportunitätskosten, die mit einer Elternschaft eingegangen werden müssten. So könnten das in die Ausbildung investierte Geld und die investierte Zeit sowie das dadurch mögliche höhere Einkommen und „beruflichen Entfaltungsmöglichkeiten" verloren gehen (Burkart 1994: 250). Gerade für Frauen ist das Risiko hier recht groß, da ihre Wiedereinstiegschancen mit einer Schwangerschaft sinken, weil sie im Gegensatz zu den Männern für (zumindest) eine gewisse Zeit aus dem Berufsleben ausscheiden (vgl. Borchardt & Stöbel-Richter 2004: 50-51).

Nun ließen sich in verschiedenen Studien bisher positive Effekte einer höheren Bildung auf die Umsetzung einer Elternschaft finden, doch sind diese konnten zumeist auf die Bildung des männlichen Partners zurückgeführt werden (vgl. Kreyenfeld 2002: 16). So stellt z.B. Kreyenfeld (2002) fest, dass die Wahrscheinlichkeit, ein zweites Kind zu bekommen, bei westdeutschen Frauen mit dem Bildungsabschluss ihres Partners zunimmt (vgl. Kreyenfeld 2002: 36; Brose 2008: 33). Dieser Effekt könnte jedoch erneut mit den höheren Einkommenschancen des Mannes, die mit seiner Bildung zunehmen, zusammenhängen (vgl. Klein 2003: 521; Brose 2008: 33). Auch hier muss also von unterschiedlichen Effekten der Bildung auf die Umsetzung einer ersten Elternschaft bei den Geschlechtern ausgegangen werden.

---

[34] Als dafür ursächlich wird das Problem der Vereinbarkeit von Ausbildung und Elternschaft gesehen, das sich aufgrund von Ressourcenproblemen und der Zeitökonomie ergibt, da beides (Ausbildung und Elternschaft) als besonders kosten- und zeitintensiv gilt (Maul 2007: 6).

Die Bildung spielt also als Element biographischer Sicherheit eine besondere Rolle. Einerseits steigt mit der Bildung auch das Wissen über mögliche Handlungsoptionen und die Einkommenschancen, andererseits erhöht sich (vor allem für Frauen) mit der Bildung die Gefahr, Opportunitätskosten einzugehen, wenn sie sich für eine Elternschaft entscheiden.

2.5.3 Der Partnerschaftskontext

Bisher wurden die *Elemente biographischer Sicherheit* auf der Individualebene eines Akteurs gesucht und nur teilweise der Partner der Akteure als Einflussquelle berücksichtigt. Die Betrachtung des Entscheidungszusammenhangs der Umsetzung einer Elternschaft aus der Paarperspektive ist jedoch von besonderer Bedeutung. Denn erst mit der Partnerschaft, an deren Gestaltung der Rahmenbedingungen im Normalfall beide Partner beteiligt sind, sind die Akteure wirklich ‚at risk', eine erste Elternschaft umzusetzen[35] (vgl. Klein 2003: 506, 519; Kühn 2004: 252). Die Partnerschaft und ihr Kontext werden so zu wichtigen Gegenstandspunkten der Betrachtung der Fertilitätsentscheidungen der Akteure[36]. Denn selbst in Fällen, in denen ein Partner die Entscheidung bezüglich einer Elternschaft alleine trifft, ist anzunehmen, dass der Partnerschaftskontext seine Entscheidungsfindung beeinflusst (vgl. Klein 2003: 506). Die *Elemente biographischer Sicherheit*, die die Entscheidung zur Umsetzung einer ersten Elternschaft beeinflussen sollen, sind dementsprechend bei beiden Partnern zu suchen und in ihrer Wechselwirkung zu berücksichtigen (vgl. Kühn 2004: 294; Hank & Tölke 2005: 12). Dieser Zusammenhang gilt in besonderem Maße für Frauen und muss daher speziell für sie berücksichtigt werden. Denn sie sind schneller vom Partner und seinen *Elementen biographischer Sicherheit* abhängig, da sie zumeist aus dem Berufsleben

---

[35] Für diese Perspektive spricht nach Klein (2003), dass der Beginn des Zeitrahmens ab dem ein Akteur ‚at risk' ist eine Elternschaft einzugehen, nicht „mit dem Beginn der biologischen Fruchtbarkeit, sondern mit dem Beginn der Partnerschaft gleichzusetzen" ist (Klein 2003: 507).

[36] Auch Kühn (2004) fasst als ein Ergebnis seiner Studien über die Biographiegestaltung junger Erwachsener im Rahmen der Familiengründung zusammen, dass das Thema Familiengründung aus einer „linked lives"-Perspektive untersucht werden muss (Kühn 2004: 252).

ausscheiden und sich der Kindererziehung widmen (vgl. Kreyenfeld 2002: 18). So stellt z.B. Kreyenfeld (2002) fest:

> „In a ‚male breadwinner regime‘ like the (West) German one, the male's employment situation and income level should be crucial for fertility decisions. Couples would be likely to postpone parenthood until the man has established a secure position in the labor market“ (Kreyenfeld 2002: 22).

Zwei solcher Elemente, die dementsprechend für beide Partner in den Analysen berücksichtigt werden sollen, sind die bereits in den vorherigen Abschnitten aufgegriffenen finanziellen Ressourcen (des Einkommens) sowie die Bildung einer Person (vgl. 2.5.1 und 2.5.2).

2.5.4 Lebensform und Beziehungsstabilität

Den Erkenntnissen aus dem vorherigen Abschnitt entsprechend sind zwei weitere wichtige *Elemente biographischer Sicherheit*, die ebenfalls den Kontext der Partnerschaft prägen, die Lebensform[37] und die Beziehungsstabilität der Akteure. Denn ob die Akteure zusammen in einem Haushalt leben, die Beziehung stabil ist und in welchem Ausmaß sie institutionalisiert wurde (z.B. durch Eheschließung), sind wichtige Rahmenbedingungen einer möglichen ersten Elternschaft (vgl. Klein 2003: 519-520, 524; Kühn 2004: 294). Vor allem mit der Institutionalisierung einer Partnerschaft steigt deren Verlässlichkeit, da die Beziehung schwieriger wieder aufgelöst werden kann. Dies geht vor allem auf die höheren indirekten Kosten (Trennungskosten) zurück, die von den Partnern im Falle einer Trennung eingegangen werden müssten (vgl. Huinink & Konietzka 2007: 50). Diese Verlässlichkeit ist von beiden Partnern erwünscht und stellt sicher, dass sich langfristig beide Partner um das Kind und um einander kümmern[38] (vgl. Kühn 2004: 210, 247). Die Beziehungsstabilität und die Lebensform der Paare stellt also

[37] Unter der Lebensform wird dabei der „soziale Beziehungszusammenhang“ von Personen verstanden, in der die „Muster der Organisation des [...] Zusammenlebens“ von Personen und ihrer Beziehung zueinander ausdrückt werden (Huinink & Konietzka 2007: 32). In der Untersuchung wird dabei zwischen den Lebensformen LAT, NEL und Ehe unterschieden. Als nichteheliche Lebensgemeinschaft (NEL) wird hier eine auf Dauer angelegte Beziehung von Mann und Frau verstanden, die in einem gemeinsamen Haushalt leben, aber nicht verheiratet sind. Damit grenzt sich die NEL von der Living-Apart-Together-Beziehung (LAT) durch den gemeinsamen Haushalt ab.

ein wichtiges *Element biographischer Sicherheit* dar, da es für beide Partner die Erwartbarkeit schafft, nicht mit den durch eine Elternschaft entstehenden Begleitkosten (Kosten, die durch den Unterhalt des Kindes entstehen) allein gelassen zu werden. Es überrascht daher nicht, dass in den meisten Fällen, in denen eine Frau Paar schwanger ist, noch immer eine Ehe vollzogen wird (vgl. Huinink & Konietzka 2007: 90).

2.5.5 Der Einfluss des sozialen Netzwerks

Nicht nur der Partner eines Akteurs beeinflusst sein Verhalten, sondern auch die ihn umgebende soziale Gruppe bzw. sein ihn umgebendes soziales Netzwerk (vgl. Bernardi et al. 2006: 359). Dies ist vor allem in unsicheren Situationen der Fall[39] (vgl. Forgas 1999: 188-189). Denn das Netzwerk liefert ihm neben Vorstellungen von Werten und Normen, wie er sich zu verhalten hat, zugleich eine Vorstellung bezüglich „der Abfolge bestimmter Lebensereignisse“[40] (Bernardi et al. 2006: 359). Durch diesen Einfluss kann das umgebende soziale Netzwerk für den Akteur eine relative Eindeutigkeit von Handlungsoptionen (wie sich die Akteure zu verhalten haben) erzeugen und so biographische Sicherheit schaffen (vgl. Pelizäus-Hoffmeister 2006b: 441). Dies geht so weit, dass eine gewisse Synchronisierung von Timingentscheidungen und Lebenslaufereignissen bei Mitgliedern eines sozialen Netzwerkes stattfinden kann (Bernardi et al. 2006: 360).

Doch die umgebende soziale Gruppe liefert den Akteuren noch mehr. Sie beeinflusst nicht nur ihre Erwartungen und ihre Rationalität, sondern kann zudem als Quelle von Unterstützungsleistungen (sozialem Kapital) dienen (Bernardi et al. 2006: 360). Dabei können die sozialen Netzwerke den Akteuren nicht nur als

[38] Dass junge Frauen nach dem Abschluss ihrer Berufsausbildung in der Regel erst auf der Basis einer „harmonischen Partnerschaft“ bereit sind, eine Familie zu gründen, konnte Kühn (2004) in seinen teils qualitativen, teils quantitativen Studien zeigen (vgl. Kühn 2004: 210).

[39] Gerade in unsicheren Situationen oder in Angstsituationen suchen Menschen die Gesellschaft anderer. Dies alleine hilft ihnen bereits Stress und Unsicherheiten abzubauen, da sie sich nicht mehr isoliert oder alleingelassen fühlen (vgl. Forgas 1999: 188-189).

[40] Die Kleingruppenforschung zeigt, dass Mitglieder einer sozialen Gruppe ihre Meinungen, Ziele und Wertorientierungen an die der umgebenden Gruppe anpassen – was auch als Konformität der Gruppenmitglieder bezeichnet wird (vgl. Witte 1987: 209-210; Forgas 1999: 272, 269-270).

Lieferant von materiellen und immateriellen Gütern, sondern auch von Dienstleistungen dienen (Bernardi et al. 2006: 360). Ein solcher Dienst kann z.B. die Beaufsichtigung von Kindern nach einer Familiengründung sein, die von Freunden und Bekannten eines Paares für eine kurze Zeit übernommen wird. In diesem Zusammenhang stellt das soziale Netzwerk eines Akteurs ebenfalls ein bedeutendes *Element biographischer Sicherheit* dar.

2.6 Die Theorie geplanten Verhaltens (TOPB)

Die *Elemente biographischer Sicherheit* reichen alleine zur Erklärung eines komplexen Verhaltens wie das der ersten Elternschaft nicht aus. Wie in der *biographischen Theorie der Fertilität* aufgezeigt wurde, sind z.B. auch biographieexterne Faktoren[41], welche die Handlungsoptionen und die Wahrnehmung der Akteure beeinflussen, zu berücksichtigen (vgl. 2.4). Doch selbst dann stellen sich die möglichen Faktoren[42], die ein Verhalten eines Akteurs beeinflussen können, als vielfältig und schwer zu erfassen dar. Denn diese können von der Ebene psychologischer Dispositionen über generelle Einstellungen bis hin zu einfachen Gelegenheitsstrukturen der Akteure reichen (vgl. Ajzen 1991: 179-180). Dies erschwert eine genaue Betrachtung der Ursachen eines speziellen Verhaltens, wie z.B. das des Timings der ersten Elternschaft (vgl. Ajzen 1991: 180-181).

Es ist daher von Vorteil, ein Modell als Werkzeug zur Erklärung von Verhalten zu nutzen, das möglichst alle bedeutenden verhaltensspezifischen Einflussfaktoren (Einstellung, Einfluss der sozialen Umgebung, Ressourcen) berücksichtigt. Hier bietet sich die *Theorie geplanten Verhaltens* von Ajzen an. Sie ist eine Weiterentwicklung der *Theorie des überlegten Handelns* von Ajzen und Fishbein

---

[41] Aus diesen biographieexternen Faktoren können sich wohlgemerkt auch Elemente biographischer Sicherheit ergeben. Schließlich können auch strukturelle Einflüsse und Institutionen genutzt werden, um Unsicherheit zu verringern. Weymann (2003) beschreibt diesen Zusammenhang am Beispiel der Ehe, der sich Individuen freiwillig „unterwerfen“, um Risiken zu verringern und um über die reduzierte Anzahl von überschaubaren Handlungsalternativen wieder ihre Handlungsfähigkeit herzustellen (vgl. Weymann 2003: 171).

[42] Dies gilt in gleichem Maße für die Elemente biographischer Sicherheit, die ebenfalls vielfältiger Natur sind (vgl. Pelizäus-Hoffmeister 2006a: 31-33) und sich daher nicht alle einfach identifizieren und in diesem Zusammenhang berücksichtigen lassen.

(vgl. Ajzen 1991: 181; Borchardt & Stöbel-Richter 2004: 30) und erhebt den Anspruch, spezifische Verhaltensweisen zu erklären und vorauszusagen (vgl. Ajzen 1991: 181; Borchardt & Stöbel-Richter 2004: 30).

Kernpunkt der Theorie ist die Unterscheidung der Intention eines Verhaltens vom tatsächlichen Verhalten (vgl. Ajzen 1991: 181; Borchardt & Stöbel-Richter 2004: 30). Ajzen geht davon aus, dass die Verhaltensintention eines Menschen, stellvertretend für die Motivation ein bestimmtes Verhalten durchzuführen, als Ursache *eines beobachtbaren Verhaltens* angesehen werden kann[43] (vgl. Borchardt & Stöbel-Richter 2004: 30; Ajzen 1991: 181-182). Eine besondere Rolle spielt in der *Theorie geplanten Verhaltens* die Kontrollwahrnehmung einer Person. Unter ihr werden die *subjektive Verhaltenskontrolle* und die *tatsächliche Verhaltenskontrolle*[44] einer Person zusammengefasst (vgl. Ajzen 1991: 183). Diese zweite Ursache von Verhalten, die der Theorie hinzugefügt wurde, bildet den eigentlichen Unterschied zur ursprünglichen *Theorie des überlegten Handelns* (vgl. Borchardt & Stöbel-Richter 2004: 32). Dahinter stand die Erkenntnis, dass Verhalten nicht „nur der willentlichen Kontrolle" unterliegt, sondern seine „Realisierung bestimmte Kenntnisse und Fähigkeiten sowie Gelegenheiten, Zeit, Mitteln" usw. erfordert (Borchardt & Stöbel-Richter 2004: 31; vgl. Ajzen 1991: 181-182).

Die Intention selbst – d.h. die Motivation einer Person, ein Verhalten durchzuführen – wird in der Theorie additiv aus drei verhaltensspezifischen Hintergrundfaktoren gebildet. Dies sind:

- die *Einstellung* bezüglich eines Verhaltens – „the degree to which performance of the behavior is positively or negatively valued"[45], d.h. der erwartete Nutzen und die erwarteten Kosten eines Verhaltens;

---

[43] Je größer dabei die Motivation bezüglich eines Verhaltens ist, umso wahrscheinlicher ist es, dieses Verhalten beobachten zu können (vgl. Ajzen 1991: 181).

[44] Unter der tatsächlichen Kontrolle ist das tatsächliche Ausmaß der Kontrollierbarkeit eines Verhaltens auf der Basis der vorhandenen Mittel (Fähigkeiten, Ressourcen usw.) eines Akteurs zu verstehen, wohingegen unter der subjektiven Verhaltenskontrolle die Annahmen des Akteurs, ein Verhalten kontrollieren zu können, gefasst werden. Es ist sinnvoll, zwischen beiden zu unterscheiden, da sie aufgrund von mangelndem Wissen oder Fehleinschätzungen nicht immer übereinstimmen müssen (vgl. Borchardt & Stöbel-Richter 2004: 32).

[45] Vgl. dazu auf der Internetseite des Entwicklers der *Theorie geplanten Verhaltens* Icek Ajzen unter: http://people.umass.edu/aizen/tpb.diag.html#null-link (01.11.2008).

- die *subjektive Norm* – „the perceived social pressure to engage or not to engage in a behavior“[46]; also der vom Akteur zurzeit angenommene soziale Druck bezüglich der Durchführung oder des Unterlassens eines bestimmten Verhaltens (vgl. Borchardt & Stöbel-Richter 2004: 30, 32);
- und die benannte *wahrgenommene Verhaltenskontrolle* – „[which] refers to people's perceptions of their ability to perform a given behavior.“[47]

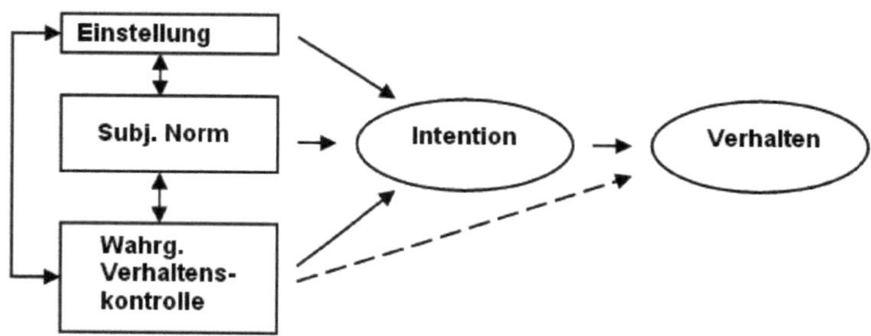

Abb.1: Modell der Theorie geplanten Verhaltens von Ajzen

Neben der Tatsache, dass sich die Theorie bereits mehrfach als Werkzeug zur Untersuchung von Fertilitätsentscheidungen bewährt hat[48], bietet sie den Vorteil, dass sich die *Elemente biographischer Sicherheit* leicht integrieren lassen – was zu einem späteren Zeitpunkt vorgenommen werden soll (vgl. 3.2.2). Vorher muss auf eine Unschärfe der Theorie hingewiesen werden, die sich im Falle ihrer Nutzung für die Fragestellung der Untersuchung ergibt:

Die *Theorie geplanten Verhaltens* bezieht sich nämlich auf ein zu einem Zeitpunkt beobachtbares Verhalten, das von den zu diesem Zeitpunkt herrschenden und auf das Verhalten bezogenen Gegebenheiten abhängig ist (vgl. Ajzen 1991: 181-182).

[46] Vgl. dazu auf der Internetseite des Entwicklers der *Theorie geplanten Verhaltens* Icek Ajzen unter: http://people.umass.edu/aizen/tpb.diag.html#null-link (01.11.2008).
[47] Vgl. dazu auf der Internetseite des Entwicklers der *Theorie geplanten Verhaltens* Icek Ajzen unter: http://people.umass.edu/aizen/tpb.diag.html#null-link (01.11.2008).
[48] Hier sind z.B. die Untersuchungen von Stöbel-Richter (200) und Borchardt & Stöbel-Richter (2004) zu nennen (vgl. Stöbel-Richter 2000; Borchardt & Stöbel-Richter 2004).

Der Theorie fehlt in diesem Zusammenhang der Einbezug der Zukunft, aus dem sich, den theoretischen Vorüberlegungen der Arbeit nach, die Unsicherheit im Entscheidungskontext ableitet (vgl. 2.2).

Der Einbezug der Zukunftsperspektive in die Abwägungen der Akteure ist jedoch ein nicht zu vernachlässigender Aspekt, da ein gegenwärtiges Verhalten nicht nur von vergangenen Erfahrungen und Verhaltensweisen abhängt, sondern gerade auch von zukünftigen Erwartungen beeinflusst wird[49] (vgl. Huinink & Konietzka 2007: 44, 51). Bei näherer Betrachtung der *Theorie geplanten Verhaltens* lässt sich jedoch festhalten, dass sie den Zukunftsbezug nicht ausschließt, sondern nur offenlässt. Indirekte Zukunftserwartungen der Akteure werden sogar in die Theorie mit einbezogen. Beispielsweise wäre der in der subjektiven Norm angesprochene angenommene soziale Druck, ein bestimmtes Verhalten einzugehen, für die Akteure vernachlässigbar, bestünde für die Akteure nicht die Gefahr von in der Zukunft liegenden Konsequenzen in diesem Bereich gegeben. Auch für die Einstellung bezüglich eines Verhaltens lassen sich in der Theorie indirekt formulierte Zukunftserwartungen finden. Denn Kosten-Nutzen-Kalkulationen, aus denen sich dann die Bewertung der Einstellung zu einem Verhalten ergibt, machen nur vor dem Hintergrund der erwarteten Kosten und Nutzen, die sich aus einem Verhalten ergeben können, einen Sinn. Eine Bewertung der Zukunftsfolgen läge auch hier vor den entsprechenden verhaltensspezifischen Hintergrundfaktoren (Einstellung, subjektiven Norm und wahrg. Verhaltenskontrolle). So ließe sich die *Theorie geplanten Verhaltens* einfach um den Zukunftsbezug erweitern, indem dieser den drei verhaltensspezifischen Hintergrundfaktoren allgemein vorgelagert wird. Dabei würde die Theorie jedoch auf die Beobachtung der Verhaltensintention verkürzt, da im Falle des Zukunftsbezugs noch kein beobachtbares Verhalten vorhanden sein kann. Näher soll auf diesen Zusammenhang im Rahmen der Darstellung des Untersuchungsmodells dieser Arbeit eingegangen werden (vgl. 3.2.2).

---

[49] Auch die *biographische Theorie der Fertilität* legt dies nahe, wenn sie von der Abhängigkeit von Entscheidungen vom biographischen Kontext spricht (vgl. 2.4).

3. Entwicklung der Fragestellung, Aufbau der Untersuchung und Hypothesenbildung

Im ersten Teil der Arbeit wurde der theoretische Hintergrund der Untersuchung erläutert und damit der Grundstein für die Entwicklung der allgemeinen Fragestellung der Untersuchung gelegt. Im nun folgenden zweiten Teil soll anhand der bisherigen Erkenntnisse die allgemeine Fragestellung der Untersuchung entwickelt und in einen Untersuchungsaufbau überführt werden. In diesem Rahmen werden auch die Hypothesen, die dann im dritten Teil der Arbeit untersucht werden sollen, gebildet.

3.1 Die Entwicklung der Fragestellung

Wie im Rahmen der Einleitung der Arbeit dargestellt wurde, bleiben immer mehr Menschen in Deutschland kinderlos oder schieben eine erste Elternschaft bis in das höhere Lebensalter auf, obwohl sie zumeist keine Kinderlosigkeit beabsichtigen (vgl. 1). Zwar konnten für dieses Verhalten bisher verschiedenste Ursachen gefunden werden (vgl. 1.), es fehlt jedoch weiterhin ein abschließendes Bild, welches das Verhalten der Umsetzung einer ersten Elternschaft im Entscheidungskontext erklären kann (vgl. Kreyenfeld & Konietzka 2008: 136). In diesem Zusammenhang könnte der generelle Unsicherheitscharakter der Entscheidung sowie die Art und Weise, wie sich Akteure den Pfad einer Elternschaft erschließen, helfen, dieses Bild zu vervollständigen (vgl. 2.4). Den Schlüssel dazu stellen die *Elemente biographischer Sicherheit* dar, die den Akteuren die Tür zu einer ersten Elternschaft eröffnen, aber auch verschließen können sollen, indem sie die Wahrnehmung der Unsicherheit der eigenen Zukunft gegebenenfalls verringern oder verstärken, und so die Motivation (die Intuition – vgl. 2.6) eine Elternschaft einzugehen verändern (vgl. 2.5). Dieser angenommene und bisher nur theoretisch begründete Zusammenhang soll nun auf seinen empirischen Gehalt hin überprüft werden. Ließe es sich dabei nachweisen, dass die Timingintention der ersten Elternschaft tatsächlich in dieser Form von den *Elementen biographischer Sicherheit* abhängt, könnte auch eine Erklärung der möglichen unterschiedlichen

Verhaltensweisen der Akteure über den Unsicherheitscharakter der Entscheidung erfolgen.

Dementsprechend lautet die allgemeine Fragestellung der Untersuchung:

Lassen sich die Unterschiede in der Timingintention der ersten Elternschaft über die Elemente biographischer Sicherheit und deren Effekte auf die Wahrnehmung der Zukunft erklären?

3.2 Der Untersuchungsaufbau

Aus der Fragestellung der Untersuchung ergeben sich bestimmte Kriterien für den Aufbau und die Durchführung der Untersuchung. Diese sollen im Folgenden dargestellt und begründet werden.

3.2.1 Auswahlkriterien für die zu untersuchende Population

Da es sich bei der in dieser Untersuchung zu betrachtenden Entscheidung um eine Entscheidung im Partnerschaftskontext handelt (vgl. 2.5.3), sollen in der Untersuchung nur Personen berücksichtigt werden, die sich in einer Partnerschaft befinden, in der noch keiner der beiden Partner eine erste Elternschaft vollzogen hat. Hinter dem Gedanken, nur kinderlose Paare zu betrachten, steht die Tatsache, dass sich mit einer bereits vollzogenen Elternschaft die Grundlage der Entscheidung verändert. Denn während die Entscheidung zum ersten Kind die Gründung einer Familie betrifft, stellt die Entscheidung zu weiteren Kindern deren Erweiterung dar[50] (vgl. Bernhard & Kurz 2007: 6). Auch für homosexuelle Paare ist der Entscheidungszusammenhang anders. Hier müssten zusätzliche äußere Einwirkungen berücksichtigt werden, die eine Umsetzung einer Elternschaft erschweren (z.B. Leihmütter/Leihväter). Da sich diese jedoch mit den

[50] So merkt z.B. Brose (2008) an, dass der Grenznutzen von Kindern, der durch ihren Beitrag zur Steigerung des psychischen Wohlbefindens gegeben ist, mit der Zahl der Kinder abnimmt (vgl. Brose 2008: 31).

Entscheidungsvoraussetzungen heterosexueller Paare nicht unbedingt vergleichen lassen, sollen nur heterosexuelle Paare in der Untersuchung betrachtet werden.

Letztendlich sollen nur die Paare betrachtet werden, die noch ‚at risk' sind, eine Elternschaft umzusetzen. Da die fertile Phase der Frau begrenzt ist und sich auch für Männer eine Altersgrenze feststellen lässt, ab der eine Elternschaft kaum noch Chancen hat umgesetzt zu werden[51], sollen nur Personen bis 45 Jahre in die Untersuchung einfließen.

In wieweit durch die benannten Auswahlkriterien eine gewisse Form der Selektivität der hier betrachteten Daten entsteht, soll im Rahmen der späteren Diskussion der Ergebnisse näher betrachtet werden (vgl. 6.3).

3.2.2 Das Untersuchungsmodell auf Basis der TOPB

Da ein spezifisches Verhalten wie das der ersten Elternschaft von vielfältigen Faktoren abhängt (vgl. 2.6), soll die allgemeine Fragestellung der Untersuchung im Rahmen eines auf der Basis der *Theorie geplanten Verhaltens* gebildeten Untersuchungsmodells untersucht werden, das möglichst viele Einflussvariablen berücksichtigt. Dieses wird, da kein direkt zu beobachtendes, sondern ein in der näheren Zukunft liegendes, intendiertes Verhalten vorliegt (vgl. 3.1), auf die Betrachtung der Intention der Umsetzung einer ersten Elternschaft begrenzt.

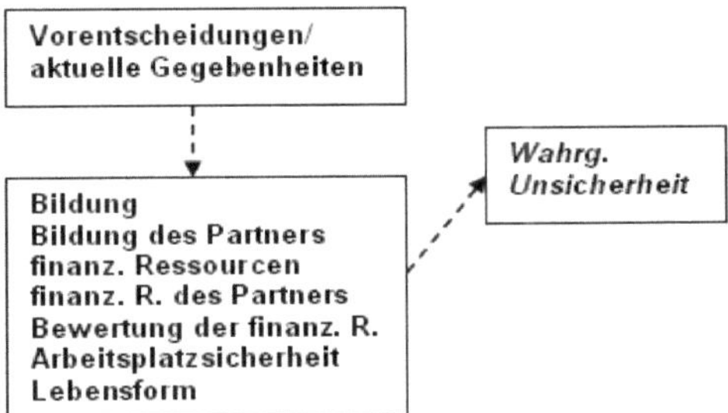

Abb. 2: Bedeutung der Elemente biographischer Sicherheit für die wahrgenommene Unsicherheit

[51] Schmitt (2005) konnte in seinen Analysen des SOEP zeigen, dass bei Männern „jenseits des 45. Lebensjahres [...] der Übergang zur Vaterschaft [...] eher eine Ausnahme dar[stellt]" (Schmitt 2005: 18).

Den Kern des Untersuchungsmodells bilden entsprechend der Fragestellung der Untersuchung die *Elemente biographischer Sicherheit*, die sich, wie Abb. 2 zeigt, aus den bisher getroffenen Entscheidungen im Lebenslauf und daraus resultierenden aktuellen Gegebenheiten (z.B. der Lebensform) ergeben und nach den Überlegungen des theoretischen Hintergrundes eine Elternschaft fördern können sollen (vgl. 2.4 und 2.5).Von ihnen soll wiederum die wahrgenommene Unsicherheit einer Person abhängen, die hauptsächlich zur Erklärung der Verhaltensintention der Umsetzung einer ersten Elternschaft herangezogen werden soll (vgl. 2.4 und 2.6). Um dies leisten zu können, wird die wahrgenommene Unsicherheit, zusammen mit den *Elementen biographischer Sicherheit*, in die *Theorie geplanten Verhaltens* integriert, indem sie den drei verhaltensspezifischen Hintergrundfaktoren – *Einstellung*, *subjektive Norm* und *wahrgenommene Verhaltenskontrolle* – vorgelagert wird (vgl. 2.6). In diesem Zusammenhang wird davon ausgegangen, dass die wahrgenommene Unsicherheit nicht nur die Timingintention einer ersten Elternschaft über die wahrgenommene Verhaltenskontrolle einer Person beeinflusst (vgl. 2.6), sondern sich zudem über die subjektive Norm und die Einstellung einer Person auf die Timingintention auswirkt. Denn mit der wahrgenommenen Unsicherheit steigt für den Akteur das Risiko möglicher unintendierter Folgen eines Verhaltens und somit ebenfalls die wahrgenommenen Opportunitätskosten[52], von denen schließlich die Kosten-Nutzen-Kalkulation der Einstellung zu einem Verhalten abhängen soll (vgl. 2.6). Auch ist anzunehmen, dass mit der wahrgenommenen Unsicherheit die Bewertung der Einstellungen des umgebenden sozialen Netzwerks als Kriterium einer passenden Verhaltensweise steigt. Denn gerade das umgebende soziale Netzwerk kann in einem solchen Fall über die Vermittlung „der Abfolge bestimmter Lebensereignisse“ (Bernardi et al. 2006: 359) bzw. über die Erzeugung einer relativen Eindeutigkeit von Handlungsvorgaben erneut Entscheidungs- und Handlungssicherheit schaffen und so zu einem *Element biographischer Sicherheit* werden (vgl. 2.5.5; Pelizäus-Hoffmeister 2006b: 441).

[52] Auch für die Opportunitätskosten kann geltend gemacht werden, dass nur die Kosten eines Akteurs sein Verhalten beeinflussen, die von ihm auch wahrgenommen werden. Denn auch hier gilt, dass nicht die „objektiven Handlungsbedingungen der Menschen, sondern das, was die Menschen davon wahrnehmen“, handlungsentscheidend sind (Huinink & Konietzka 2007: 52).

Da die wahrgenommene Verhaltenskontrolle einer Person im Datensatz der Untersuchung nicht erhoben wurde, wird die wahrgenommene Unsicherheit einer Person als Indikator für die wahrgenommene Verhaltenskontrolle genutzt. Da aber Annahmen über die Umsetzungschancen eines Verhaltens in der Zukunft nicht nur über die Wahrnehmung der Zukunft (als sicher oder unsicher) getroffen werden, sondern auch immer ausgehend von der aktuellen Lebenssituation, d.h. auf der Basis aktueller Umsetzungschancen (vgl. 2.6), sollen neben der wahrgenommenen Unsicherheit auch die *Elemente biographischer Sicherheit* als Indikatoren für die wahrgenommene Verhaltenskontrolle in die Analysen mit einfließen. Denn sie beeinflussen nicht nur die Wahrnehmung der Zukunft, sondern bestimmen auch die Wahrnehmung der aktuellen Lebenssituation, aus der sie sich wiederum selbst zu einem großen Teil ergeben, und haben dementsprechend ebenfalls einen Einfluss über die wahrgenommene Verhaltenskontrolle auf die Timingintention der ersten Elternschaft (vgl. 2.4 und 2.5).

Aus den bisher dargestellten angenommenen Zusammenhängen ergibt sich für die Untersuchung das folgende Untersuchungsmodell:

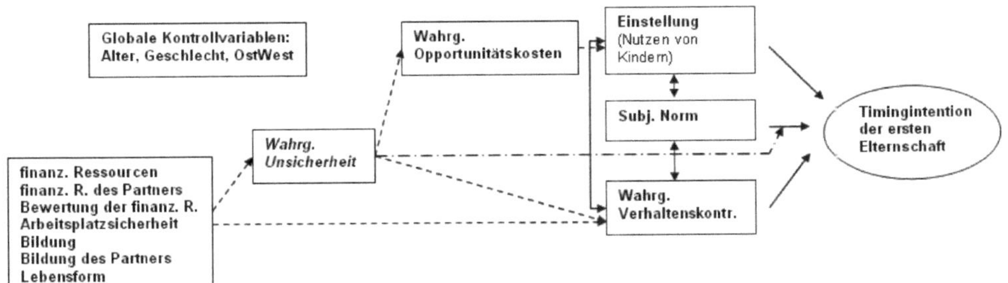

Abb. 3: Untersuchungsmodell auf Basis der TOPB

Wie im Untersuchungsmodell zu erkennen ist, fließen zusätzlich das Alter und das Geschlecht einer Person als globale Kontrollvariablen in die Untersuchung mit ein (vgl. Abb. 3). Denn sowohl zwischen den Geschlechtern als auch zwischen verschiedenen Altersgruppen sind unterschiedliche Effekte zu erwarten[53]: zum

[53] So ist beispielsweise für Männer ein stärkerer negativer Einfluss der wahrgenommenen Unsicherheit zu erwarten, da nach Hank und Tölke (2005) gerade Männer mit Kindern „häufiger und stärker als Frauen [...] möglich[e] negativ[e] Konsequenzen“ assoziieren (Hank & Tölke 2005: 10).

einen, da für die Geschlechter die direkten Folgen einer ersten Elternschaft unterschiedlich sind – so sind zunächst vor allem die Frauen von den Opportunitätskosten betroffen (vgl. Burkart 1994: 250; Borchardt & Stöbel-Richter 2004: 50-51) –, zum anderen, da die Umsetzung einer Elternschaft zeitlich begrenzt ist (vgl. 3.2.1).

Eine weitere möglicherweise recht bedeutsame Kontrollvariable, die ebenfalls in der Untersuchung beachtet werden soll, ist der Wohnort der befragten Personen – genauer gesagt, ob sie in West- oder Ostdeutschland leben. Denn aufgrund des historischen Hintergrundes und der damit verbundenen institutionellen Strukturen war und ist bis heute ein unterschiedliches Fertilitätsverhalten in West- bzw. Ostdeutschland gegeben (vgl. Maul 2007: 23-26; Kreyenfeld & Konietzka 2008: 135-136). Bedingt durch günstigere institutionelle Rahmenbedingungen (z.B. die im Vergleich zu Westdeutschland bessere Betreuung von Kindern und eines für Frauen erleichterten Wiedereinstiegs in das Berufsleben), waren zu in der DDR die Vereinbarkeitsprobleme von Beruf und Familie recht gering, was zusammen mit einer relativen Planungssicherheit (durch bessere Arbeitsmarktintegration von Müttern) und einem relativ geringen biographischen Risiko (Beruf und Familien waren in weiten Teilen durch die Kinderbetreuung vereinbar) zu einer früheren Umsetzung von Elternschaften führte, als es in Westdeutschland der Fall war[54] (vgl. Maul 2007: 24; Kreyenfeld & Konietzka 2008: 122, 135). Mit der Wiedervereinigung und den dadurch entstandenen politischen und strukturellen Umbrüchen[55] ergaben sich für die Menschen in Ostdeutschland jedoch neue (vor allem ökonomische) Unsicherheiten bezüglich der eigenen Zukunft (vgl. Kreyenfeld & Konietzka 2008: 122-123). Dies führte zu einer Änderung des Fertilitätsverhaltens der Menschen und entlud sich schließlich in einem Aufschub einer ersten Elternschaft ins höhere Lebensalter[56] (vgl. Kreyenfeld & Konietzka

[54] Diese im Vergleich zum Westen frühere Umsetzung einer ersten Elternschaft, so Maul (2007), ging vor allem darauf zurück, dass das Risiko negativer Folgen einer Elternschaft in der DDR besonders gering war (vgl. Maul 2007: 25).

[55] Hier nennen Kreyenfeld & Konietzka (2008) z.B. den Wechsel zum marktwirtschaftlichen System und die damit verbundenen Änderungen auf dem Arbeitsmarkt, die zu einer „Schwächung der Arbeitsmarktposition von Frauen“ führte (Kreyenfeld & Konietzka 2008: 123).

[56] Dabei, so Kreyenfeld & Konietzka (2008), kann jedoch von keiner Angleichung des Fertilitätsverhaltens zwischen Ost- und Westdeutschland zu dieser Zeit gesprochen werden.

2008: 125, 129, 135; Maul 2007: 26). Doch bis heute bleiben ostdeutsche Frauen seltener kinderlos bzw. setzen, so zeigen Kreyenfeld und Konietzka (2008) mit unterschiedlichen Daten des Mikrozensus, tendenziell eine erste Elternschaften früher um (vgl. Kreyenfeld & Konietzka 2008: 129, 135-136). Dies gilt es zu berücksichtigen, wenn – wie in dieser Arbeit – nach den Ursachen für den Aufschub oder die Umsetzung einer ersten Elternschaft gesucht wird.

3.3 Hypothesenbildung

Auf der Basis des im Abschnitt 3.2.2 dargestellten Untersuchungsmodells (vgl. Abb. 3) sollen nun die in der Forschungsarbeit zu analysierenden Hypothesen gebildet werden.

Dass die wahrgenommene Unsicherheit von den *Elementen biographischer Sicherheit* beeinflusst wird, wurde bisher nur theoretisch hergeleitet (vgl. 2.3). Der Zusammenhang soll nun auf seinen empirischen Gehalt hin untersucht werden. Wie im theoretischen Hintergrund der Arbeit dargestellt wurde, wird dabei von einem negativen Zusammenhang der *Elemente biographischer Sicherheit* und der wahrgenommenen Unsicherheit ausgegangen (vgl. 2.3 und 2.4). Je stärker die Ausprägung der *Elemente biographischer Sicherheit* ist, umso mehr soll die wahrgenommene Unsicherheit einer Person abnehmen. Die erste Hypothese der Untersuchung lautet daher:

H 1: Je ausgeprägter die Elemente biographischer Unsicherheit sind, umso geringer ist die wahrgenommene Unsicherheit einer Person (umso größer ist ihre angenommene zukünftige Kontrolle).

Die wahrgenommene Unsicherheit soll in diesem Zusammenhang über die wahrgenommene Verhaltenskontrolle einer Person die Intention bezüglich der Umsetzung einer ersten Elternschaft beeinflussen können (vgl. 2.3 und 2.4). Dabei wird davon ausgegangen, dass Personen, die eine erste Elternschaft eher umsetzen, im Gegensatz zu jenen, die eine erste Elternschaft aufschieben, eine geringere

Denn auch weiterhin werden in Ostdeutschland erste Elternschaften generell früher umgesetzt bzw. bleiben ostdeutsche Frauenseltener kinderlos (vgl. Kreyenfeld & Konietzka 2008: 135-136).

wahrgenommene Unsicherheit aufweisen. Die zweite Hypothese der Untersuchung lautet daher:

H 2: Je geringer die wahrgenommene Unsicherheit einer Person ist, desto früher wird eine erste Elternschaft angestrebt.

Jedoch soll sich nicht nur über die wahrgenommene Verhaltenskontrolle einer Person die wahrgenommene Unsicherheit auf die Timingintention einer ersten Elternschaft auswirken können, sondern soll diese indirekt auch über die wahrgenommenen Opportunitätskosten und die Einstellung einer Person bezüglich einer Elternschaft beeinflussen (vgl. 3.2.2). Zur Überprüfung dieses Zusammenhangs bedarf es einiger Voruntersuchungen. So muss zunächst der Einfluss der wahrgenommenen Unsicherheit auf die wahrgenommenen Opportunitätskosten einer Person nachgewiesen sowie die Abhängigkeit der Einstellung bezüglich einer ersten Elternschaft von den wahrgenommenen Opportunitätskosten überprüft werden. Dies soll mittels der Überprüfung der Hypothesen **H 3.1** und **H 3.2** geschehen:

H 3.1: Je größer die wahrgenommene Unsicherheit ist, d.h. je geringer die angenommene zukünftige Kontrolle einer Person ist, umso stärker werden die Opportunitätskosten einer ersten Elternschaft wahrgenommen.

H 3.2: Je größer die wahrgenommenen Opportunitätskosten sind, umso negativer ist die Nutzenbewertung von Kindern.

Neben dem vermuteten indirekten Effekt über die Einstellung einer Person soll ein weiterer indirekter Effekt der wahrgenommenen Unsicherheit über die subjektive Norm auf die Timingintention der ersten Elternschaft vorhanden sein. Denn in unsicheren Entscheidungs- und Verhaltenssituationen kann das umgebende soziale Netzwerk dazu dienen, eine Vorstellung über die entsprechend adäquaten Verhaltensweisen zu vermitteln (vgl. 3.2.2). Je unsicherer nun eine Situation eingeschätzt wird, umso stärker könnte das soziale Netzwerk als Vermittler einer adäquaten Verhaltensweise wahrgenommen werden. Dementsprechend wird davon ausgegangen, dass sich die wahrgenommene Unsicherheit auf die Stärke des Einflusses, den die subjektive Norm auf die Timingintention besitzt, auswirkt:

H 4: Je größer die wahrgenommene Unsicherheit einer Person ist, umso stärker ist der Einfluss der subjektiven Norm auf die Intention einer ersten Elternschaft.

Die abschließende Überprüfung der in den Hypothesen **H 3** und **H 4** formulierten indirekten Einflüsse der wahrgenommenen Unsicherheit auf die Timingintention einer ersten Elternschaft soll im Rahmen der letzten zu untersuchenden Hypothese dieser Arbeit geschehen. Dabei soll der Nachweis erbracht werden, dass die Timingintention einer ersten Elternschaft tatsächlich von den in der TOPB genannten Hintergrundfaktoren abhängt. Dementsprechend lautet die fünfte und letzte Hypothese der Untersuchung:

H 5: Die Timingintention einer ersten Elternschaft ist abhängig von der wahrgenommenen Verhaltenskontrolle, der subjektiven Norm und der Einstellung einer Person bezüglich des Nutzens von Kindern.

3.4 Der *Generations and Gender Survey* (GGS)

Zur Untersuchung der Fragestellung sowie der Hypothesen der Forschungsarbeit werden die Daten des *Generations and Gender Survey* (GGS) verwendet.

> „Der Generations and Gender Survey (GGS) ist eine Bevölkerungsumfrage, die erstmals im Jahr 2005 in Deutschland im Auftrag des Bundesinstituts für Bevölkerungsforschung (BiB) durch TNS Infratest Sozialforschung durchgeführt wurde. Im Mittelpunkt der Umfrage stehen Fragen zu Fertilität, Partnerschaftsentwicklung und Generationenbeziehungen." (Ruckdeschel, Ette, Hullen & Leven 2006: 7).

Der GGS wurde dabei als „multidisziplinäre, retrospektive, prospektive und international vergleichende Studie" aufgebaut und soll als Panelbefragung mit mindestens drei Wellen alle drei Jahre in der BRD durchgeführt werden (Ruckdeschel, Ette, Hullen & Leven 2006: 7). Dementsprechend enthält der GGS verschiedene Fragebereiche, die sich auf verschiedene Disziplinen beziehen und sich unterschiedlich (z.B. mittels Ereignisdatenanalyse) untersuchen lassen.

Die Daten des GGS wurden im Frühjahr 2005 mittels einer computerunterstützten persönlich-mündlichen Befragung erhoben. Die zu befragenden Personen wurden dabei auf Zufallsbasis mittels einer „Random-Route-Erhebung nach ADM-Design“ ermittelt (Ruckdeschel, Ette, Hullen & Leven 2006: 11). Genauere Informationen zur Gestaltung der Erhebung sind der Dokumentation über die Erhebung der bisher ersten Welle des GGS in Deutschland zu entnehmen (vgl. Ruckdeschel, Ette, Hullen & Leven 2006: 11-13). Sowohl die Dokumentation als auch die Daten des GGS sind Eigentum des Bundesinstituts für Bevölkerungsforschung (BiB). Die einzelnen in dieser Untersuchung verwendeten Variablen und Konstrukte des GGS werden in der folgenden univariaten Analyse vorgestellt (vgl. 4.).

4. Univariate Analyse

Insgesamt wurden im Rahmen der bisher ersten Welle des *Generations and Gender Survey* (GGS) 10.017 Personen befragt. Die Mehrheit dieser Personen erfüllt jedoch nicht die im Abschnitt 3.2.1 genannten Auswahlkriterien, so dass der vorliegende Datensatz um diese Fälle bereinigt werden muss. Betrachtet werden sollen nur diejenigen Personen, die sich in einer heterosexuellen Partnerschaft befinden, in der keiner der Partner eine erste Elternschaft vollzogen hat und die Altersgrenze von 45 Jahren überschreitet (vgl. 3.2.1).

4.1 Bereinigung des Datensatzes

Um zu ermitteln, welche der befragten Personen sich in einer Partnerschaft befinden, werden zunächst die Variablen *hh_rasta* bis *hh_rastj* genutzt[57]. In ihnen wird erfasst, wer zusammen mit der befragten Person in einem Haushalt lebt. Da die Living-Apart-Together (LAT)-Beziehungen durch diese Variablen jedoch nicht erfasst werden, da die Partner keinen gemeinsamen Haushalt bilden, diese Partnerschaften aber auch berücksichtigt werden müssen, wird das Item f030600 zusätzlich zur Auswahl der betroffenen Fälle genutzt. Dieses Item wurde nur den Nichtverheirateten oder den nicht in einer eingetragenen Partnerschaft lebenden Personen gestellt (vgl. Tabelle 1 Anhang). Mittels der bisher genannten Items wird nun die Statusvariable Partnerschaft (***STP***) gebildet (vgl. Syn. 01 Anhang II). Insgesamt befanden sich 7.169 der ursprünglichen 10.017 Fälle zur Zeit der Befragung in einer Partnerschaft (vgl. Tabelle 2).

Status Partnerschaft

		Häufigkeit	Prozent	Gültige Prozente	Kumulierte Prozente
Gültig	Partner vorhanden	7169	71,6	100,0	100,0
Fehlend	System	2848	28,4		
Gesamt		10017	100,0		

Tabelle 2: Status Partnerschaft nach Häufigkeit und Prozent der befragten Personen

[57] Das Item f030201 würde sich sonst anbieten, um zu ermitteln, ob eine befragte Person in einer Ehe oder einer eingetragenen Beziehung lebt. Doch damit würden viele Partnerschaften, in denen kein gemeinsamer Haushalt besteht, nicht erfasst, da dieses Item nur Personen gestellt wurde, deren Partner bei ihnen im Haushalt lebt.

Untersucht werden sollen, wie erwähnt, nur Personen in heterosexuellen Partnerschaften, da bei homosexuellen Paaren die Entscheidungsvorausetzungen für eine erste Elternschaft anders sind. Mittels der Variablen *hh_rasta* bis *hh_rastj* und der Information des Geschlechts der im Haushalt lebenden Personen (f010900a bis f010900j) lässt sich das Geschlecht des Partners der befragten Person ermitteln. Dies wird in der neuen Variable ***SexP*** gespeichert (vgl. Syn. 02 Anhang II). Doch auch für das Geschlecht der Partner können die Variablen keine Auskunft geben, wenn kein gemeinsamer Haushalt besteht. Die Lösung für dieses Problem bietet in diesem Fall eine den betroffenen Personen gestellte Frage. Für die Beziehungen, die keinen gemeinsamen Haushalt bilden, erfasst das Item f030900s das Geschlecht des Partners der befragten Personen. Auch hier wird das Geschlecht der Partner in der Variable ***SexP*** gespeichert (vgl. Syn. 03 Anhang II). Anschließend wird mit Hilfe des Items f010300, in dem das Geschlecht der befragten Personen erfasst wurde, ermittelt, welche Fälle sich in einer hetero- und welche sich in einer homosexuellen Partnerschaft befinden und in einer weiteren Statusvariable (***STsex***) gespeichert (vgl. Syn. 04 Anhang II).

Partnerschaft Sexualität

		Häufigkeit	Prozent	Gültige Prozente	Kumulierte Prozente
Gültig	homosexuell	124	1,2	1,7	1,7
	heterosexuell	7040	70,3	98,3	100,0
	Gesamt	7164	71,5	100,0	
Fehlend	System	2853	28,5		
Gesamt		10017	100,0		

Tabelle 3: Sexualität der Partnerschaft nach Häufigkeiten und Prozent der befragten Personen

Wie die neue Variable ***STsex*** zeigt, befindet sich nur ein verschwindend geringer Teil der befragten Personen (1,7 %) in einer homosexuellen Partnerschaft (vgl. Tabelle 3).

Mittels der bisher gebildeten Statusvariablen (***STP*** und ***STsex***) und des ‚select'-Syntaxbefehls werden nun alle Fälle, die sich in einer heterosexuellen Partnerschaft befinden, ausgewählt bzw. dabei alle ungültigen Fälle aus dem Datensatz entfernt (vgl. Syn. 05 Anhang II). Von den ursprünglichen 7.164 Fällen, die sich in einer Partnerschaft befinden, verbleiben nach dieser Prozedur noch 7.040 in der

Auswahlgesamtheit. Dabei mussten sechs Fälle aufgrund von fehlenden Werten in Bezug auf das Geschlecht ihres Partners aus der Untersuchung genommen werden.

In der jetzigen Auswahlgesamtheit sind jedoch noch die Personen enthalten, die bereits eine erste Elternschaft vollzogen haben. Auch diese müssen aus der zu untersuchenden Population entfernt werden. Hier helfen erneut die Variablen *hh_rasta* bis *hh_rastj* weiter. Dazu wird eine Statusvariable Elternschaft (***STE***) gebildet. Dabei erhalten alle Fälle, die mit einem leiblichen, einem Adoptiv-, Stief- oder Pflegekind zusammenleben, den Wert 1 (vgl. Syn. 06 Anhang II). Jedoch erfassen die Variablen *hh_rasta* bis *hh_rastj* nicht die Kinder, die außerhalb des Haushalts wohnen. Um dies zu berücksichtigen, wurde den Personen, die keine Kinder in ihrem Haushalt angegeben haben (z.B. da die Kinder bereits den Haushalt verlassen haben), die Frage gestellt, ob sie leibliche, Adoptiv- oder Pflegekinder haben oder hatten (vgl. Item f020902, Tabelle 4 Anhang). Allen Fällen mit der Antwortkategorie „Ja" wurde dementsprechend in der Statusvariable ***STE*** der Wert 1 zugewiesen (vgl. Syn. 07 Anhang II). Gleiches gilt für die Fälle, in denen der Partner bereits eine erste Elternschaft vollzogen hat (vgl. Syn. 08 Anhang II). Dies wurde wiederum für alle befragten Personen mittels des Items f022600 erhoben. Allen Fällen, die bei den beiden Fragen mit „weiß nicht" bzw. „k.A." geantwortet haben, wurde der Wert 9 zugewiesen. Diese Fälle werden in den Analysen ebenfalls als ungültige Fälle angesehen.

Zur weiteren Kontrolle wurde zudem für alle Fälle, die bereits in einer früheren Partnerschaft eine Elternschaft vollzogen und dies in keiner der bisherigen Variablen angegeben haben, der Wert der Statusvariable auf 1 gesetzt (vgl. Syn. 09 Anhang II).

Status Elternschaft (STE)

		Häufigkeit	Prozent
Gültig	Elternschaft vollzogen	5518	78,4
	9	40	,6
	Gesamt	5558	78,9
Fehlend	System	1482	21,1
Gesamt		7040	100,0

Tabelle 5: Status Elternschaft nach Häufigkeiten und Prozent der befragten Personen

Wie Tabelle 5 zeigt, hat die Mehrheit der Fälle (bzw. deren Partner) bereits eine Elternschaft vollzogen (ca. 78,4%). Uns interessieren an diesem Punkt allerdings die 1.482 systemfehlenden Fälle, da hier die Personen zu finden sind, die bezüglich ihrer ersten Elternschaft noch ‚at risk' sind.

Unter diesen Fällen gibt es eine Gruppe von Personen, die besonders zu berücksichtigen sind. Damit sind diejenigen Fälle gemeint, die bzw. deren Partnerin sich gerade in einer Schwangerschaft befinden. Diese sind nicht mehr mit den anderen Fällen und deren Entscheidungssituation vergleichbar, da sie sich bereits mehr oder weniger für eine Schwangerschaft entschieden haben und sich dadurch ihre Entscheidungsgrundlage verändert hat. Dementsprechend müssen auch diese Fälle aus der Untersuchung genommen werden.

Die beiden Items f060201 und f060202 erfassen nun, ob eine Person (f060201) bzw. deren Partnerin (f060202) gerade schwanger ist. Allen Personen, die davon betroffen sind, wurde auch hier der Wert 1 in der Variable ***STE*** zugewiesen (vgl. Syn. 10 Anhang II). Nach Abzug der Betroffenen verbleiben noch 1.444 der ursprünglichen 1.482 Fälle in der Auswahlgesamtheit (vgl. Tabelle 6), denen in der Statusvariable der Wert 0 zugewiesen wird (vgl. Syn. 11 Anhang II).

Status Elternschaft (STE)

		Häufigkeit	Gültige Prozente	Kumulierte Prozente
Gültig	keine Elternschaft vollzogen	1444	20,5	20,5
	Elternschaft vollzogen	5556	78,9	99,4
	9	40	,6	100,0
	Gesamt	7040	100,0	

Tabelle 6: Variable *STE* nach Häufigkeiten und Prozent der befragten Personen

Mittels der Statusvariable (***STE***) und des ‚select'-Syntaxbefehls werden nun die gültigen Fälle ausgewählt, so dass nur sie in der Auswahlgesamtheit verbleiben (vgl. Syn. 12 Anhang II).

Doch auch an diesem Punkt sind in der Auswahlgesamtheit noch Fälle enthalten, die aussortiert werden müssen. Dies sind alle die Fälle, bei denen eine erste Elternschaft aufgrund des hohen Alters oder aufgrund von gesundheitlichen

Einschränkungen (z.B. Unfruchtbarkeit[58]) einer befragten Person oder ihres Partners unwahrscheinlich wird.

Zunächst werden daher mittels der Items f061200 und f061600 alle Fälle ermittelt, bei denen eine Elternschaft aufgrund von Gesundheitsproblemen des Befragten oder seines Partners unwahrscheinlich ist, und in einer neuen Statusvariable (***GsP***) erfasst (vgl. Syn. 13 Anhang II).

Gleiches gilt für alle Befragten und deren Partner, die vor 1960 geboren sind. Auch für sie wird eine gemeinsame Statusvariable (***STalt***) gebildet (vgl. Syn. 14 Anhang II).

Status Gesundheitsprobleme * Status Alter Kreuztabelle

			Status Alter		
			vor 1960 geboren	nach 1960 geboren	Gesamt
Status Gesundheitsprobleme	kein Kind möglich	Anzahl	46	67	113
		% der Gesamtzahl	3,2%	4,6%	7,8%
	Kind möglich	Anzahl	491	840	1331
		% der Gesamtzahl	34,0%	58,2%	92,2%
Gesamt		Anzahl	537	907	1444
		% der Gesamtzahl	37,2%	62,8%	100,0%

Tabelle 7: Kreuztabelle der Variablen *GsP* und *STalt*

Die beiden neuen Variablen zeigen, dass von den noch übrigen 1.444 Fällen 41,8% aufgrund von gesundheitlichen Problemen bzw. aufgrund des Alters des Befragten oder seines Partners für eine erste Elternschaft nicht mehr infrage kämen (vgl. Tabelle 7).

Auch an dieser Stelle werden alle noch übrigen gültigen Fälle mittels des ‚Select'-Befehls über die Statusvariablen ausgewählt, so dass nur sie in der Auswahlgesamtheit verbleiben (vgl. Syn. 15 Anhang II). Dabei verringert sich erneut die Fallzahl der Stichprobe und es verbleiben [nach Bereinigung des Datensatzes] 840 gültige Fälle.

[58] Zwar ist es möglich, über Leihmütter/-väter oder über eine Adoption eine Familiengründung und damit eine Elternschaft zu vollziehen, doch ist auch in solchen Fällen von einer geänderten Entscheidungssituation auszugehen, die mit den anderen Fällen nicht vergleichbar wäre und daher eher einen Sonderfall darstellt.

4.2 Die Beschreibung der Stichprobe

Von den 840 gültigen Fällen sind 56,1% männlichen und 43,9% weiblichen Geschlechts. In der Stichprobe liegt somit ein deutlicher Männerüberschuss vor. Dies überrascht zunächst, da in der Erhebung des GGS mit 46% Männern und 54% Frauen mehr Frauen erfasst wurden (vgl. Tabelle 8 Anhang). Werden alle anderen Auswahlkriterien, bis auf die Kinderlosigkeit, auf den ursprünglichen Datensatz angewandt[59] und in einer Kreuztabelle die Variable ***STE*** aufgeteilt nach dem Geschlecht der befragten Personen (f010300) betrachtet, zeigt sich, dass der plötzliche Unterschied der Prozentsätze daraus resultiert, dass die Frauen deutlich öfter eine erste Elternschaft umsetzen und so aus der Auswahlgesamtheit fallen (vgl. Tabelle 9).

Status Elternschaft (STE) * Geschlecht B Kreuztabelle

			Geschlecht B		
			Männlich	Weiblich	Gesamt
Status Elternschaft (STE)	keine Elt.	Anzahl	471	369	840
		% von Geschlecht B	37,3%	22,7%	29,1%
	Elt. vollzogen	Anzahl	791	1258	2049
		% von Geschlecht B	62,7%	77,3%	70,9%
Gesamt		Anzahl	1262	1627	2889
		% von Geschlecht B	100,0%	100,0%	100,0%

Tabelle 9: Kreuztabelle Status Elternschaft und Geschlecht der befragten Personen

Dieser Unterschied, so bestätigt es auch die Überprüfung beider Variablen mittels eines Chi²-Tests, ist dabei nicht auf den Zufall zurückzuführen (vgl. Tabelle 10 Anhang). Das Geschlecht der befragten Personen scheint also bei der Umsetzung einer ersten Elternschaft eine nicht unerhebliche Rolle zu spielen. Dieser Zusammenhang soll im Rahmen der Hypothesenüberprüfung der Untersuchung besonders berücksichtigt werden, indem die vorgenommenen Analysen jeweils für beide Geschlechter getrennt gerechnet werden (vgl. 5.).

---

[59] Wobei statt der Statusvariable ***GsP*** eine neue Statusvariable berücksichtigt wird (***GPE***), die dafür sorgt, dass keine Personen in der Kreuztabellenanalyse (vgl. Tabelle 9) berücksichtigt werden, die keine erste Elternschaft vollzogen haben und Gesundheitsprobleme aufweisen, so dass eine erste Elternschaft unwahrscheinlich wird (vgl. Syn. 16 Anhang II).

Das Alter der befragten Personen wurde im GGS mittels des Items f010400j in Form von Geburtsjahren erhoben. Betrachtet man die Geburtsjahre der befragten Personen in der Auswahlgesamtheit in einem Liniendiagramm, ist festzustellen, dass vor allem jüngere Personen in der Stichprobe vertreten sind (vgl. Abb. 4). Die meisten Befragten sind zwischen 19 und 31 Jahre alt. Auch dieser Zusammenhang ist aufgrund der Bedingung, dass nur kinderlose Personen betrachtet werden, nicht verwunderlich. Denn gerade die jüngeren Personen, die sich zumeist in der Ausbildung befinden und noch ihre berufliche Zukunft absichern müssen (vgl. Huinink 2001: 157), befinden sich noch nicht so lange ‚at risk', eine erste Elternschaft umzusetzen. Auch mag bei ihnen zunächst die eigene Selbstverwirklichung[60] höher im Kurs stehen, bevor eine erste Elternschaft umgesetzt wird.

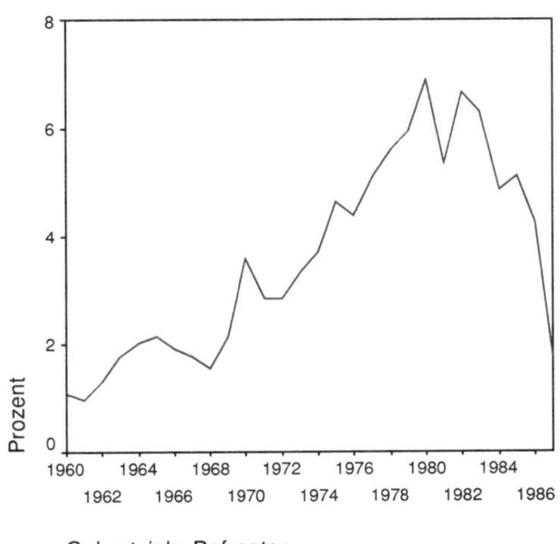

Abb. 4: Liniendiagramm Geburtsjahr der befragten Personen

Da die Timingentscheidung zur Umsetzung einer ersten Elternschaft allgemein in der Zeit geschieht und das Zeitfenster, in dem eine erste Elternschaft möglich ist, biologisch begrenzt ist, muss der Einfluss des Alters einer Person im Rahmen der Fertilitätsentscheidungen genauestens kontrolliert werden. Dies soll über den Vergleich von Altersgruppen geschehen, um auch mögliche unterschiedliche

[60] Gerade die längeren Ausbildungszeiten trugen maßgeblich zur Entstehung neuer unbestimmter Lebensphasen bei, die vor allem den jüngeren Menschen (z.B. Studierenden) mehr Zeit für ihre eigene Entwicklung und Selbstverwirklichung ließen (vgl. Vaskovics & Rupp 1995: 14-15). Denn keine der früher vorgegebenen Funktionen erfüllen sie eindeutig – gerade für Frauen war sonst der weitere Lebensweg nach dem Verlassen der Herkunftsfamilie mit der Funktion der Gründung einer eigenen Familie vorgezeichnet (vgl. Vaskovics & Rupp 1995: 14-15).

Einflüsse die zwischen den Altersgruppen bestehen aufzudecken. Zunächst muss dazu das Alter der befragten Personen über die im Item f010400j erhobenen Geburtsjahrgänge ermittelt werden. Da die Befragung im Frühjahr 2005 stattfand (vgl. 3.4), wird dazu vom Befragungsjahr das Geburtsjahr der Befragten subtrahiert und in die neuen Variable ***Alter*** gespeichert (vgl. Syn. 17 Anhang II). Anschließend wird die neue Variable ***Alter*** in drei Gruppen zur neuen Variable ***Alter3*** zusammengefasst (vgl. Syn. 17 Anhang II). Die neue Variable ***Alter*** wird dabei als metrisch und die neue Variable ***Alter3*** als ordinalskaliert angenommen.

Alter in drei Gruppen

		Häufigkeit	Prozent	Gültige Prozente	Kumulierte Prozente
Gültig	18 bis 25 J.	347	41,3	41,3	41,3
	26 bis 35 J.	353	42,0	42,0	83,3
	36 bis 45 J.	140	16,7	16,7	100,0
	Gesamt	840	100,0	100,0	

Tabelle 11: Alter in drei Gruppen nach Häufigkeit und Prozent der befragten Personen

Auch im Falle der neuen Variable ***Alter3*** zeigt sich, dass nur ein geringer Anteil der befragten Personen der der höchsten Altersgruppe zugehört. Immerhin 41,3% der befragten Personen sind jünger als 26 Jahre (vgl. Tabelle 11).

Doch nicht nur das Alter einer Person gilt es in den Analysen zu berücksichtigen, auch der Wohnort – nach Ost- bzw. Westdeutschland differenziert – muss beachtet werden (vgl. 3.2.2). Der Wohnort der befragten Personen wurde im GGS, nach Bundesländern aufgeteilt, in der Variable ***bula*** erhoben. Um den Wohnort nach Ost- bzw. Westdeutschland zu unterscheiden, werden die in der Variable ***bula*** erfassten Bundesländer in der neuen Variable ***ostwest*** zusammengefasst (vgl. Syn. 18 Anhang II). Wie die neue Variable ***ostwest*** zeigt, wohnen 663 gültig befragte Personen (78,9%) in West- bzw. 177 gültig befragte Personen (21,1%) in Ostdeutschland.

4.3 Die Timingintention der ersten Elternschaft

Die abhängige Variable in der Untersuchung stellt die Timingintention der ersten Elternschaft dar (vgl. 3.1). Diese wurde mittels der Items f062200 und f062400 im GGS erhoben.

Das Item f062200 erfasst dabei, ob die befragte Person binnen der nächsten drei Jahre eine Elternschaft plant. Hier zeigt sich sehr deutlich, dass dies bei der Mehrheit der befragten Personen in der Stichprobe (ca. 40%) nicht der Fall ist bzw. wahrscheinlich nicht sein wird (ca. 21%) (vgl. Abb. 5). Nur für knapp 39% der befragten Personen käme (wahrscheinlich) eine erste Elternschaft innerhalb der nächsten drei Jahre in Frage.

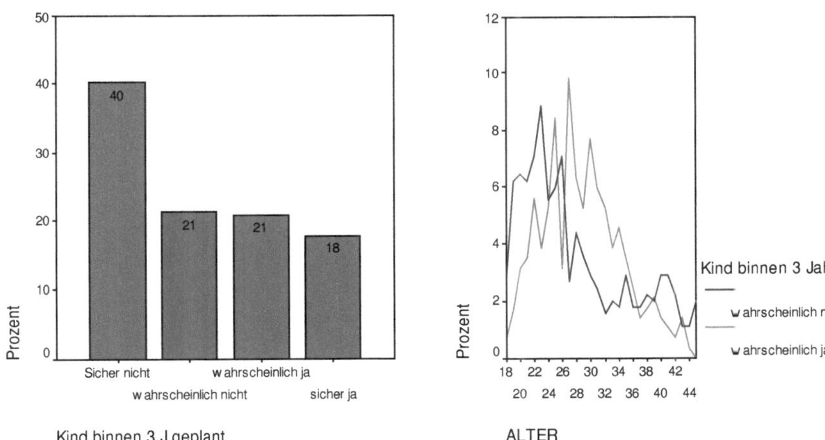

Abb. 5 (links): Balkendiagramm des Items f062200 in Prozent der befragten Personen
Abb. 6 (rechts): Liniendiagramm des Alters der befragten Personen, aufgeteilt nach dem Item f062200r

Wie schon im vorherigen Abschnitt angesprochen wurde, muss das Alter als Einflussvariable bezüglich der Timingentscheidungen besonders berücksichtigt werden, da die Entscheidung über eine Elternschaft eine Entscheidung in der Zeit ist und daher mit dem Alter einer Person unmittelbar zusammenhängt (vgl. 7.2). Betrachtet man in diesem Zusammenhang das in Gruppen zusammengefasste Item f062200r (vgl. Syn. 19 Anhang II) nach dem Alter (***Alter***) der befragten Personen, lassen sich deutliche Unterschiede im Timingverhalten feststellen (vgl. Abb. 6). Es zeigt sich, dass vor allem die jüngeren (bis ca. 23 Jahre) und die älteren Befragten (ab ca. 37 Jahren) einer Elternschaft innerhalb der nächsten drei Jahre eher ablehnend gegenüberstehen. Interessant ist auch, dass Personen im Alter von ca. 24 bis ca. 34 Jahren die Zustimmung zu einer ersten Elternschaft recht hoch ist (vgl.

Abb. 6). Hinter diesem scheinbaren Alterseffekt könnten sich jedoch auch andere Einflüsse verbergen, wie z.B. ein möglicher Bildungseffekt, die es später bei der Analyse genau zu überprüfen gilt (vgl. 4.7).

Während sich das Item f062200 auf die nächsten drei Jahre als Zeithorizont konzentriert, erfasst das Item f062400, ob für den Fall, dass innerhalb der nächsten drei Jahre keine erste Elternschaft vollzogen wird, die befragten Personen danach überhaupt noch an eine Umsetzung einer ersten Elternschaft denken. Hier zeigt sich im Gegensatz zum Item f062200 ein zunächst deutlich anderes Bild.

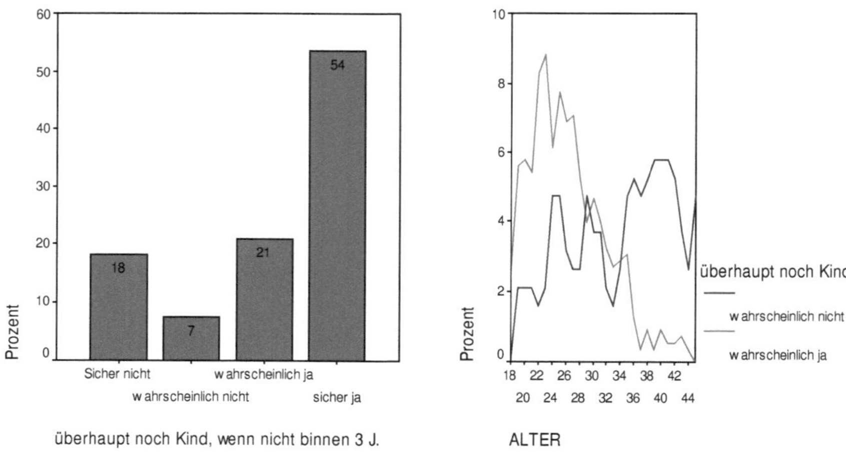

Abb. 7 (links): Balkendiagramm des Items f062400 in Prozent der befragten Personen
Abb. 8 (rechts): Liniendiagramm des Alters der befragten Personen, aufgeteilt nach dem Item f062400r

Während beim Item f062200 die Mehrheit der befragten Personen der Stichprobe (ca. 61%) eine Elternschaft innerhalb der nächsten drei Jahre noch als unwahrscheinlich verneinte, geben nun ca. 75% der Befragten an, dass sie allgemein noch ein Kind, wenn es nicht binnen der nächsten drei Jahre klappt, wollen würden (vgl. Abb. 7).

Erneut soll an dieser Stelle ein Blick auf das Alter der befragten Personen im Zusammenhang mit ihrer Zustimmung zu diesem Item geworfen werden. Zur besseren Übersichtlichkeit wird dazu das Item f062400 entsprechend dem Item f062200r in zwei Gruppen zusammengefasst (vgl. Syn. 20 Anhang II). Anschließend werden die beiden entstehenden Gruppen nach dem Alter der befragten Personen (***Alter***) in einem Liniendiagramm betrachtet (vgl. Abb. 8). Es zeigt sich auch hier, dass die Zustimmung oder die Ablehnung des Items auch vom Alter der befragten Person beeinflusst zu sein scheint. So stimmen vor allem die jüngeren Personen (bis 28 Jahren) dem Item eher zu und würden eine Elternschaft später (als in den nächsten drei Jahren) noch eingehen wollen (vgl. Abb. 8). Umgekehrt zeigt sich: Je älter die befragten Personen sind, umso mehr wird eine Elternschaft später als in drei Jahren verneint.

Es stellt sich nun die Frage, wie die befragten Personen im Kontext der beiden Items f062200r und f062400r geantwortet haben. Denn dies könnte dazu beitragen, dass sich die Timingintentionen der befragten Personen zur Umsetzung einer ersten Elternschaft als abhängige Variable der Untersuchung genauer bestimmen lässt.

Werden nun die beiden in Gruppen zusammengefassten Items in einer Kreuztabelle betrachtet, bestätigt sich diese Annahme. Zwar reduziert sich die Anzahl der gültigen Fälle auf 679 Personen, doch es ergibt sich bei diesem Vorgehen ein Vier-Felder-Schema, das wie erwartet genau den vier möglichen Verhaltensweisen der Akteure entspricht (vgl. Tabelle 12).

Kind binnen 3 Jahren geplant * überhaupt noch Kind, wenn nicht binnen 3 J. Kreuztabelle

			überhaupt noch Kind, wenn nicht binnen 3 J.		
			wahrschein-lich nicht	wahrschein-lich ja	Gesamt
Kind binnen 3 Jahren geplant	wahrscheinlich nicht	Anzahl	160	254	414
		% der Gesamtzahl	23,6%	37,4%	61,0%
	wahrscheinlich ja	Anzahl	18	247	265
		% der Gesamtzahl	2,7%	36,4%	39,0%
Gesamt		Anzahl	178	501	679
		% der Gesamtzahl	26,2%	73,8%	100,0%

Tabelle 12: Kreuztabelle der Items f062200r und f062400r

Entsprechend der Kreuztabelle würden 23,6% der befragten Personen weder binnen der nächsten drei Jahre noch später eine Elternschaft umsetzen wollen, ca. 37,4% eine Elternschaft später als innerhalb der nächsten drei Jahre, 36,4% eine Elternschaft innerhalb der nächsten drei Jahre oder auch später und schließlich

2,7% der Befragten eine Elternschaft nur binnen der nächsten drei Jahre (vgl. Tabelle 12).

Auch hier gilt es die Verteilungen in der Kreuztabelle vor dem Hintergrund des Alters (***Alter***) der befragten Personen zu betrachten. Dazu wird an dieser Stelle mittels der beiden Items f062200r und f062400r und anhand der vier Felder der Kreuztabelle die neue Variable ***PLK*** gebildet (vgl. Syn. 21 Anhang II). Diese soll die momentane Timingintention der befragten Personen erfassen und stellt schlussendlich die abhängige Variable in der vorliegenden Untersuchung dar. Dabei unterscheidet sie die Gruppen, die ‚keine', ‚später als in drei Jahren' und ‚binnen drei Jahren' eine Elternschaft planen (vgl. Abb. 9). Alle Personen, die eine Elternschaft nur binnen der nächsten drei Jahre umzusetzen planen, wurden der Gruppe ‚binnen drei Jahren' zugeordnet. Die neue Variable ***PLK*** wird als ordinalskaliert angenommen, da sich bezüglich der Timingintention der ersten Elternschaft eine eindeutige Ordnungsrelation der drei Antwortkategorien herstellen lässt.

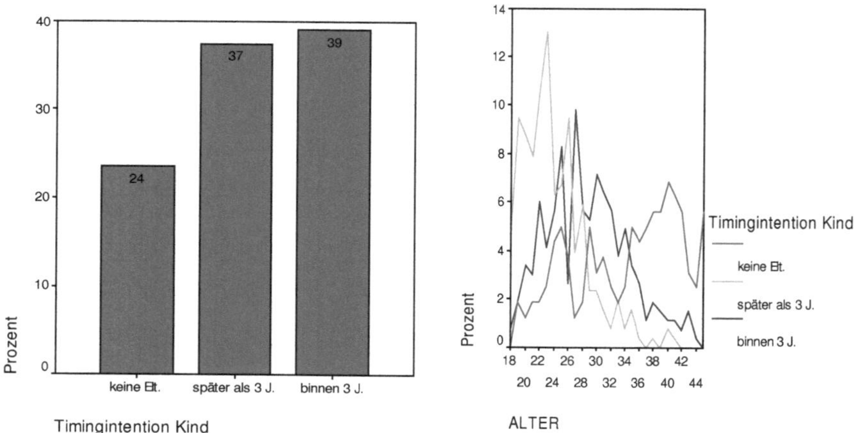

Abb. 9 (links): Balkendiagramm der Variable *PLK* in Prozent der befragten Personen
Abb. 10 (rechts): Liniendiagramm der Variable *Alter* aufgeteilt nach der Variable *PLK*

Betrachtet man nun die verbleibenden drei Gruppen der neuen Variable ***PLK*** nach dem Alter (***Alter***) der befragten Personen in einem Liniendiagramm, sind interessante Unterschiede zwischen den Gruppen der Variable festzustellen.

Während vor allem ältere befragte Personen eher keine Elternschaft mehr umzusetzen planen, ziehen gerade die Personen in der mittleren Altersspanne (bis ca. 33-34 Jahren) eine Elternschaft binnen der nächsten drei Jahre (z.T. auch später) in Betracht (vgl. Abb. 10).

Auffällig ist auch, dass besonders die jüngeren befragten Personen (bis ca. 24 Jahre) anscheinend eine Elternschaft später als binnen der nächsten drei Jahre planen. Dies ist ein vorläufiges Ergebnis, das sich ebenfalls mit den bisherigen theoretischen Erkenntnissen, dass vor allem gerade jüngere Personen eine erste Elternschaft zunächst aufschieben[61], deckt (vgl. 4.2 und 4.3). Dennoch könnten sich auch hinter diesem scheinbar starken Einfluss des Alters auf die Timingentscheidungen zur ersten Elternschaft andere Effekte verbergen, die es zu kontrollieren und näher zu analysieren gilt. Ein solcher Effekt können z.B. die Ressourcen einer Person sein.

4.4 Die angenommene zukünftige Kontrolle (die wahrgenommene Unsicherheit)

Handlungsentscheidend sind „nicht die objektiven Handlungsbedingungen der Menschen, sondern das, was die Menschen davon wahrnehmen“ (Huinink & Konietzka 2007: 52). Dies gilt in besonderem Maße für die biographische Unsicherheit. Auch hier geht es nicht für die Akteure um tatsächlich vorhandene Unsicherheiten, sondern um die von den Akteuren wahrgenommene Unsicherheit (vgl. 2.4). Diese wiederum stellt einen Kernaspekt der Untersuchung dar, da sie im Zusammenhang mit den *Elementen biographischer Sicherheit* das Verhalten der Akteure erklären können soll (vgl. 2.4).

Die wahrgenommene Unsicherheit einer Person wurde im GGS nur indirekt über die Items f071901 bis f071905 erhoben. In diesen Items wurden die befragten Personen darum gebeten, auf einer Vierer-Skala Auskunft darüber zu geben, wie „stark […] Ihrer Meinung nach Ihre Kontrolle über die folgenden Bereiche Ihres Lebens in den nächsten drei Jahren“ ist. In diesem Rahmen wurden die Lebensbereiche ‚finanzielle Situation‘, ‚Arbeit‘, ‚Wohnsituation‘, ‚Gesundheit‘ und ‚Familienleben‘ erfasst (vgl. Ruckdeschel, Ette, Hullen & Leven 2006: 105-106).

[61] Dementsprechend ist, wie bereits erwähnt (vgl. 1.), das Durchschnittsalter der Frauen bei Geburt ihres ersten Kindes auf ca. 29 Jahre gestiegen.

Ein hoher Wert auf der Skala bedeutet, dass eine Person annimmt, dass sie in den nächsten drei Jahren im entsprechenden Lebensbereich über eine hohe Kontrolle verfügt. Da die Items der Skala sich direkt auf die angenommene zukünftige Kontrolle eigener Handlungsweisen in den genannten Lebensbereichen beziehen und diese angenommene Kontrolle ebenfalls der biographischen Unsicherheit unterliegt[62], kann die angenommene zukünftige Kontrolle in diesem Zusammenhang als guter Indikator für die wahrgenommene Unsicherheit einer Person gelten. Schließlich würde eine hohe wahrgenommene Unsicherheit eine geringe Einschätzung der Kontrollierbarkeit zukünftiger Handlungsweisen nach sich ziehen, da die Handlungsweisen in ihren Outcomes schlechter einzuschätzen wären. Dies wiederum würde eine langfristige Planung erschweren (vgl. 2.2 und 2.3), was sich schließlich in einem niedrigeren Skalenwert äußern müsste.

Wie nun die Betrachtung der Verteilung der einzelnen Items f071901 bis f071905 zeigt, sind alle Items in den oberen Bereich der Skala verschoben (vgl. Abb. 11-15 Anhang). Die Mehrheit der befragten Personen sieht ihre zukünftige Kontrolle in den einzelnen Bereichen des Lebens also als besonders hoch an[63] (vgl. Abb. 11-15 Anhang). Dies weist entsprechend den dargestellten Überlegungen auf eine niedrige wahrgenommene Unsicherheit der befragten Personen in den entsprechenden Lebensbereichen hin.

Da die einzelnen Lebensbereiche miteinander in Verbindung stehen und anzunehmen ist, dass sich Unsicherheiten in einem der Lebensbereiche auf die anderen auswirken[64], sollen in den Analysen nicht die einzelnen Lebensbereiche in ihrer Wahrnehmung betrachtet werden, sondern vielmehr die allgemein wahrgenommene Unsicherheit über alle genannten Lebensbereiche hinweg. Dazu müssen die Items der Skala zusammengefasst werden. Dies ist jedoch nicht ganz unproblematisch, da die Items f071901 bis f071905 ein ordinales Messniveau aufweisen und dementsprechend nicht einfach zu einer Skala zusammengefasst werden können. Zwar gäbe es die Möglichkeit, wie z.B. Benninghaus (2005) es

[62] Denn die Zukunft ist weiterhin nicht determiniert.
[63] So geben z.B. 66% der Befragten an, ihre Kontrolle im Bereich Familienleben in den nächsten drei Jahren als ‚ziemlich stark' bis ‚sehr stark' anzusehen (vgl. Abb. 15 Anhang).
[64] Beispielsweise nimmt mit Unsicherheiten im Lebensbereich Arbeit/Finanzen die Wahrscheinlichkeit, eine Familie zu gründen, ab (vgl. Brose 2008: 49).

anmerkt, die ordinalskalierten Items als intervallskaliert zu interpretieren – sofern sie Intervallskalen approximieren – und sie dann zusammenzufassen, diese Möglichkeit ist jedoch, wie auch Benninghaus (2005) hinzufügt, suboptimal (vgl. Benninghaus 2005: 54-55). Stattdessen erscheint es besser, als Indikator für die wahrgenommene Unsicherheit einer Person die Anzahl an Lebensbereichen zu zählen, in denen eine hohe die zukünftige Kontrolle erwartet wird. Um diese zu zählen, werden die Items f071901 bis f071905 zunächst dichotomisiert, so dass bei der Frage nach der Kontrolle in den Lebensbereichen in der Zukunft den Antwortkategorien ‚überhaupt nicht' und ‚ein bisschen' der Wert 0 und den Antwortkategorien ‚ziemlich stark' und ‚sehr stark' der Wert 1 entspricht. Im Anschluss daran werden die Items über den Summen-Score zusammengefasst (vgl. Syn. 22 Anhang II). Die dabei neu entstandene Variable ***Kontr*** wird als ordinalskaliert betrachtet. Wie das Balkendiagramm (Abb. 16) zeigt, ist auch die neue Variable ***Kontr*** in den oberen Bereich der Skala verschoben, was auf eine hohe angenommene Kontrolle von Seiten der befragten Personen hinweist.

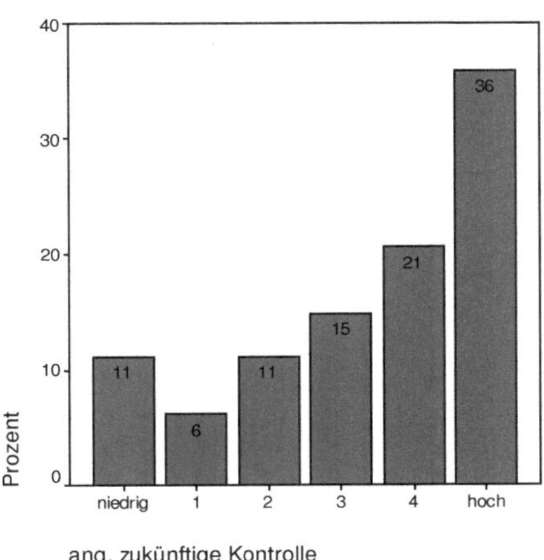

Abb. 16: Balkendiagramm der Variable *Kontr* in Prozent der befragten Personen

Eine Frage, die sich nun stellt, ist, ob sich die wahrgenommene Unsicherheit auch auf die Intention zur Umsetzung einer ersten Elternschaft auswirkt, so wie es in der zweiten Hypothese der Untersuchung formuliert wurde (vgl. 3.2.2). Betrachtet man die Variable ***PLK*** und ***Kontr*** in einer Korrelationsanalyse, so lässt sich anhand des Rangkorrelationskoeffizienten Spearman-Rho feststellen, dass eine erste Elternschaft umso eher intendiert wird, je größer die angenommene Kontrolle in den Lebensbereichen über die nächsten drei Jahre ist (vgl. Tabelle 13). Damit würden die in der zweiten Hypothese der Untersuchung getroffenen

Annahmen zwar bestätigt, doch der Zusammenhang der beiden Variablen ist als nur äußerst schwach einzustufen und sollte daher genauer überprüft werden.

Korrelationen

			Timingintention Kind	ang. zukünftige Kontrolle
Spearman-Rho	Timingintention Kind	Korrelationskoeffizient	1,000	,083*
		Sig. (2-seitig)	.	,038
		N	619	619
	ang. zukünftige Kontrolle	Korrelationskoeffizient	,083*	1,000
		Sig. (2-seitig)	,038	.
		N	619	760

*. Die Korrelation ist auf dem 0,05 Niveau signifikant (zweiseitig).

Tabelle 13: Korrelation der Variablen *Kontr* und *PLK*

4.5 Die finanziellen Ressourcen und deren Bewertung

Wie in Abschnitt 2.5.1 bereits aufgezeigt wurde, stellen die finanziellen Ressourcen einer Person ebenfalls ein bedeutendes Element biographischer Sicherheit dar, da sie Handlungsoptionen im Lebenslauf eröffnen oder beschränken können. Doch nicht nur aus diesem Grund sollten die finanziellen Ressourcen als Einflussfaktor in den Analysen dieser Untersuchung genau betrachtet werden. Ein weiterer Grund ist, dass sie vom Alter einer Person abhängig sind (vgl. Mönkediek 2008: 33) und dementsprechend helfen können, den anscheinend starken Einfluss des Alters auf die Timingintention einer ersten Elternschaft genauer zu kontrollieren und zu erklären (vgl. 4.3).

In der Untersuchung sollen die finanziellen Ressourcen einer Person vor allem über ihr Einkommen abgebildet werden. Dies wiederum wurde im GGS einmal in Form des Haushaltseinkommens einer Person (f100900) und einmal in Form ihres persönlichen Einkommens aus verschiedenen Einkommensquellen (f100602a bis f100602i) erfasst.

Das Haushaltseinkommen scheint für die Untersuchung der Fragestellung der Arbeit weniger geeignet zu sein, denn es schließt in vielen Fällen das Einkommen des Partners eines Befragten oder anderer Haushaltsangehöriger mit ein. Dementsprechend unterscheidet es auch nicht zwischen dem Einkommen des

Befragten und dem anderer Haushaltsangehöriger, so dass es in den meisten Fällen über dem Einkommen der Einzelpersonen liegt und die finanziellen Ressourcen eines Befragten überschätzt. Daneben können unterschiedliche Einkommenseffekte (vgl. 4.2.1), die sich im Haushaltseinkommen mischen, die für die Untersuchung allerdings von Bedeutung sind, nicht unterschieden werden. So wäre z.B. vorstellbar, dass ein negativer Effekt eines höheren Einkommens einer Frau bezogen auf ihre Timingintention einer ersten Elternschaft durch einen positiven Effekt des Einkommens ihres Partners aufgehoben wird (vgl. 4.2.1). Dies ist ein Zusammenhang, der im Falle der Verwendung des Haushaltseinkommens als Indikator für finanzielle Ressourcen nicht aufdecken ließe und zu falschen Interpretationen des Zusammenhangs von Einkommen und Geschlecht verleiten könnte. So würde man im oben dargestellten Beispiel wahrscheinlich von einem Nulleffekt des Einkommens bei den Frauen, bezogen auf ihre Timingentscheidungen der Elternschaft, ausgehen, obwohl eigentlich ein negativer Effekt vorläge. Schließlich erscheint das persönliche Einkommen als Element biographischer Sicherheit zur Reduktion der persönlichen Unsicherheit als weitaus bedeutender, da es stärker die Rahmenbedingungen der persönlichen Entscheidungen setzt als das Haushaltseinkommen, über das der einzelne Akteur alleine nicht immer verfügen kann.

Besser geeignet, um die finanziellen Ressourcen einer Person abzubilden, erscheinen dementsprechend die Items f100602a bis f100602i im GGS zu sein. In ihnen wurden die persönlichen Einkommensquellen der Befragten erfasst. Dabei wurden den befragten Personen insgesamt neun unterschiedliche Einkommensquellen vorgegeben, aus denen sie ihre Einkünfte beziehen könnten. Wie Tabelle 14 zeigt, beziehen die meisten befragten Personen in der Stichprobe ein Einkommen aus einer abhängigen Beschäftigung.

	Lohn/Gehalt	selbstständ. Tätigkeit	Vermietungen, Zinsen, Versicher-ungen	Bafög, Stipendium	Mutterschafts-/Erziehungs-geld, Kindergeld	Arbeitslosen-geld	Erwerbs-/Berufsunfähig-keits-/Inv.-rente	Altersrente / Pension	Witwen-, Hinterbliebenenrente
Prozent der Befragten	71,80%	9,30%	1,70%	7,30%	4%	8,60%	0,40%	0,10%	0,45%
N	603	78	14	61	34	72	3	1	3

Tabelle 14: Übersicht über die Einkommensquellen nach Prozent der befragten Personen

Um nun zu ermitteln, aus wie vielen dieser Einkommensquellen die befragten Personen ihre Einkünfte beziehen, wird die neue Variable ***AEKQ*** gebildet (vgl. Syn. 23 Anhang II). Wie die neue Variable zeigt, verfügen 8,7% der Befragten über gar keine und weitere 79,3% der Befragten über nur eine Einkommensquelle (vgl. Tabelle 15). Insgesamt 12% der befragten Personen in der Stichprobe beziehen ihr Einkommen aus mehr als einer Einkommensquelle.

Anzahl der Einkommensquellen

		Häufigkeit	Prozent	Gültige Prozente	Kumulierte Prozente
Gültig	kein Einkommen	73	8,7	8,7	8,7
	1	664	79,0	79,3	88,1
	2	95	11,3	11,4	99,4
	3	5	,6	,6	100,0
	Gesamt	837	99,6	100,0	
Fehlend	99	3	,4		
Gesamt		840	100,0		

Tabelle 15: Variable *AEKQ* nach Häufigkeit und Prozent der befragten Personen

Die Anzahl der Einkommensquellen einer Person sagt jedoch noch nichts darüber aus, wie viel sie schlussendlich verdient. Es gilt also noch ein Gesamteinkommen für alle befragten Personen in der Stichprobe zu ermitteln, anhand deren sich dann die finanziellen Ressourcen einer Person einschätzen lassen. Dazu können die Items f100621 bis f100629 des GGS genutzt werden, in denen die Einkommenshöhe der jeweiligen Einkommensquellen erfasst wurde. Diese Items werfen jedoch ein Problem auf. Denn für die 12% der befragten Personen, die über mehr als eine Einkommensquelle verfügen, lässt sich nicht ohne weiteres ein Gesamteinkommen berechnen, da die Einkommensquellen in ihrer Höhe in Einkommensbereichen erfasst wurden. Um aber dennoch das Einkommen der befragten Personen in der Stichprobe einschätzen zu können, wird an dieser Stelle nur das jeweils höchste Einkommen einer Person aus einer Einkommensquelle gezählt. Dieses Vorgehen stellt zwar keine optimale Lösung dar, doch ist es der als schlechter anzusehenden Variante, das Haushaltseinkommen als Indikator der finanziellen Ressourcen der befragten Personen zu nutzen, vorzuziehen. Der Grund liegt in der benannten besseren Schätzung der finanziellen Ressourcen für die Mehrheit der befragten Personen[65].

Zudem lassen sich die möglichen Verzerrungen in der Einkommenshöhe der 12% der befragten Personen, die über mehr als eine Einkommensquelle verfügen, dadurch verringern, dass die bisher in den Items f100621 bis f100629 unterschiedenen neun Einkommensgruppen in drei Gruppen zusammengefasst werden (vgl. Syn. 24 Anhang II). Durch dieses Vorgehen wird sichergestellt, dass die zusätzlichen Einkommensquellen der befragten Personen weniger ins Gewicht fallen und so kaum noch einen Einfluss auf ihre Einkommensgruppenzugehörigkeit haben. Anschließend wird das höchste Einkommen der befragten Personen aus einer Einkommensquelle ermittelt und in der neuen Variable ***EK*** gespeichert; dabei werden alle Personen, die über keine Einkommensquellen verfügen, in der neuen Variable erfasst (vgl. Syn. 25 Anhang II). Die neue Variable ***EK*** wird als ordinalskaliert angenommen.

Einkommen Befragter in Gruppen (EK)

		Häufigkeit	Prozent	Gültige Prozente	Kumulierte Prozente
Gültig	kein Einkommen	73	8,7	9,5	9,5
	bis 1.499 Euro	496	59,0	64,6	74,1
	1.500 bis 2.999 Euro	176	21,0	22,9	97,0
	ab 3000 Euro	23	2,7	3,0	100,0
	Gesamt	768	91,4	100,0	
Fehlend	99	72	8,6		
Gesamt		840	100,0		

Tabelle 16: Variable *EK* nach Häufigkeiten und Prozent der befragten Personen

Wie die neue Variable ***EK*** zeigt, verfügt die Mehrheit der befragten Personen (ca. 65%) nur über ein geringes Einkommen bis ca. 1.500 Euro pro Monat (vgl. Tabelle 16). Dabei handelt es sich vor allem um jüngere Befragte, wie eine Betrachtung der Variable ***EK*** aufgeteilt nach dem Alter der befragten Personen zeigt[66] (vgl. Abb.

[65] Eine Nutzung des Haushaltseinkommens würde an dieser Stelle eher dazu führen, dass die finanziellen Ressourcen der befragten Personen überschätzt würden, da im Haushaltseinkommen oft auch die Einkommen anderer Haushaltsangehöriger enthalten sein können bzw. hier sind (vgl. Tabelle 16 und Tabelle 17 Anhang).

[66] In diesem Zusammenhang wurde die Gruppe an Personen, die mehr als 3.000 Euro verdient, aus dem Liniendiagramm aus Gründen der Übersichtlichkeit des Diagramms

17). Ein nicht überraschender Zusammenhang: Denn bei vielen jüngeren Personen ist davon auszugehen, dass sie noch nicht im Berufsleben stehen und erst noch ihre berufliche Perspektive absichern müssen (vgl. Huinink 2001: 157).

Nur ein geringer Anteil an befragten Personen (ca. 23%), zumeist mittleren Alters, verfügt über ein mittleres Einkommen (vgl. Abb. 17; Tabelle 16). Es zeigt sich somit ein deutlicher Zusammenhang zwischen dem Alter und dem Einkommen einer Person, der sich auch in einer Korrelationsanalyse der beiden Variablen ***Alter3*** und ***EK*** deutlich bestätigen lässt[67].

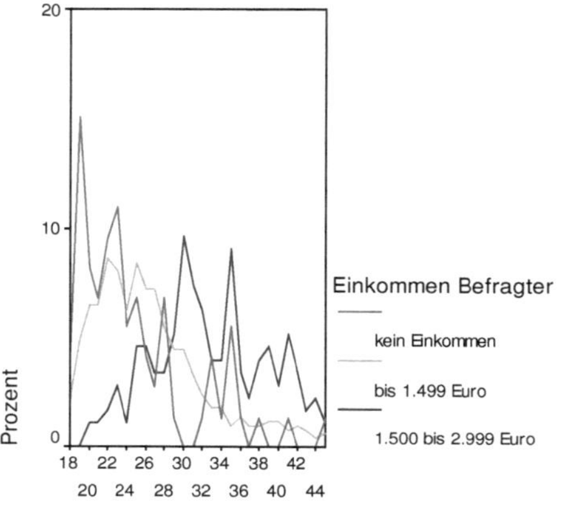

Abb. 17: Liniendiagramm des Alters der befragten Personen aufgeteilt nach der Variable *EK*

Wie ein Vergleich der Variable ***EK*** mit dem in drei Gruppen zusammengefassten Haushaltseinkommen (***HHE***) zeigt (vgl. Syn. 26 Anhang II), bestätigt sich auch die Annahme, dass bei der Verwendung des Haushaltseinkommen die finanziellen Ressourcen der befragten Personen überschätzt worden wären. So hätten nach dem zusammengefassten Haushaltseinkommen (***HHE***) ca. 19% der befragten Personen mehr als 3.000 Euro pro Monat zur Verfügung, während es nach der Variable ***EK*** gerade einmal 3% der Befragten wären (vgl. Tabelle 16 und Tabelle 17 Anhang).

---

entfernt. Auch für diese Gruppe lässt sich allerdings feststellen, dass sie zumeist aus Personen höheren Alters besteht. Die Abhängigkeit des Einkommens einer Person von ihrem Alter lässt sich auch statistisch nachweisen (vgl. Tabelle 18 Anhang).

[67] Der Zusammenhang der Variablen ***Alter3*** und ***EK*** lässt sich recht gut in einer Korrelationsanalyse bestätigen (vgl. Tabelle 18 Anhang). Da beide Variable ordinalskaliert sind, wird bei der Analyse der Korrelationskoeffizient Spearman verwendet. Dieser gibt auf 1%igem Signifikanzniveau einen deutlichen Zusammenhang beider Variablen aus. Dabei nimmt mit dem Alter einer Person auch ihr Einkommen tendenziell zu.

Das Einkommen des Partners

Nicht nur das Einkommen einer befragten Person ist als Einflussfaktor auf ihre Timingintention einer ersten Elternschaft von Bedeutung, sondern auch das Einkommen ihres Partners, da es einen Teil der Rahmenbedingungen der Entscheidung darstellt (vgl. 2.5.1 und 2.5.3). Für die Partner der befragten Personen wurde ebenfalls das Einkommen über verschiedene vorgegebene Einkommensquellen erhoben[68]. Dadurch, dass die Höhe des Einkommens auch hier in Einkommensgruppen erfasst wurde, besteht auch an dieser Stelle das Problem, dass sich die Einkünfte aus den Einkommensquellen nicht einfach zu einem Gesamteinkommen zusammenfassen lassen. Dementsprechend werden auch hier die entsprechenden Items (f100633 bis f100641) zunächst neu zusammengefasst (vgl. Syn. 27 Anhang II). Anschließend wird das jeweils höchste Einkommen eines Partners aus einer Einkommensquelle ermittelt und in der neuen Variable ***EKP*** gespeichert (vgl. Syn. 28 Anhang II). Auch hier werden alle Fälle, in denen der Partner über keine Einkommensquelle verfügt, in der neuen Variable erfasst (vgl. Syn. 29 Anhang II). Die neue Variable ***EKP*** wird als angesehen.

Einkommen des P. in Gruppen (EKP)

		Häufigkeit	Prozent	Gültige Prozente	Kumulierte Prozente
Gültig	Kein Einkommen	26	3,1	7,1	7,1
	bis 1.499 Euro	228	27,1	62,0	69,0
	1.500 bis 2.999 Euro	98	11,7	26,6	95,7
	ab 3000 Euro	16	1,9	4,3	100,0
	Gesamt	368	43,8	100,0	
Fehlend	99	472	56,2		
Gesamt		840	100,0		

Tabelle 19: Variable *EKP* nach Häufigkeit und Prozent der befragten Personen

Ähnlich wie bei der Variable ***EK***, lässt sich auch bei der neuen Variable ***EKP*** feststellen, dass die Mehrheit der Personen (ca. 69%) über ein Einkommen bis zu höchstens ca. 1.500 Euro im Monat verfügt (vgl. Tabelle 19).

[68] Vgl. die Items f100603a bis f100603i im GGS für die Einkommensquellen der Partner der befragten Personen, sowie die Items f100633 bis f100641 für die jeweilige Höhe des Einkommens aus der jeweiligen Einkommensquelle.

Auch bei der Betrachtung der Variable ***EKP*** zeigt sich, dass nur ca. 43,8% der befragten Personen Auskunft über das Einkommen ihres Partners gaben (vgl. Tabelle 19). Dies erschwert eine genaue Analyse der Effekte des Einkommens des Partners auf die Timingintentionen einer ersten Elternschaft dahingehend, dass sich bei Verwendung der Variable ***EKP*** in den Untersuchungsmodellen die Fallzahl auf 342 Fälle reduzieren würde. Dennoch soll die Variable ***EKP*** in den späteren Analysen in Teilen mit einbezogen werden, um die Bedeutung des Einkommens des Partners im Rahmen der Timingintention einer ersten Elternschaft genau zu überprüfen.

Die Bewertung des Einkommens

Die Höhe des Einkommens einer Person reicht allein als Indikator zur Einschätzung einer finanziellen Situation nicht aus (vgl. 2.5.1). Denn die Höhe des Einkommens einer Person sagt nichts darüber aus, wie das Einkommen durch sie bewertet wird. Dies ist ein nicht gerade unwichtiger Aspekt. Auch bei gleichem Einkommen können sich Personen in der Bewertung ihrer finanziellen Situation unterscheiden. Dies kann sich wiederum auf ihr Verhalten auswirken und sich im Extremfall gar in einer unterschiedlichen Timingintention einer ersten Elternschaft äußern. Um diesem Umstand Rechnung zu tragen, soll die Bewertung der finanziellen Lage als weitere Variable in die Analysen mit einfließen (vgl. 2.5.1).

Im Datensatz wurde eine Bewertung der finanziellen Lage nur für das Haushaltseinkommen erhoben. Das Items f100200 erfasst dabei auf einer Sechser-Skala, wie gut der Haushalt mit seinem gesamten Einkommen zurechtkommt. Das Item ist zwar teilweise problematisch, da sich darin erneut die Einkommen verschiedener Personen im Haushalt mischen, jedoch steht keine andere nutzbare Variable im Datensatz für eine Bewertung der finanziellen Lage einer Person zur Verfügung. Daher soll die Bewertung des Haushaltseinkommens als Indikator für die Bewertung der finanziellen Lage einer Person dienen[69]. Daneben erscheint es

[69] Wie eine Korrelationsanalyse der Bewertung des Haushaltseinkommens und der Variable ***EK*** zeigt, sind die beiden Variablen nicht vollkommen voneinander unabhängig. Wie der Korrelationskoeffizient Spearman-Rho bestätigt, besteht bei einer Irrtumswahrscheinlichkeit von 1% ein deutlicher und vor allem positiver Zusammenhang beider Variablen (vgl. Tabelle 20 Anhang). Je höher dabei das Einkommen ist, umso besser bewerten die befragten Personen die Einkommenssituation ihres Haushalts – ein nicht überraschender

zudem sinnvoller, die Bewertung des Haushaltseinkommens an dieser Stelle zu verwenden, da für die Bewertung der finanziellen Situation auch die allgemeinen Lebensumstände ausschlaggebend sind und diese stärker durch das Haushaltseinkommen als durch die persönlichen finanziellen Ressourcen einer Person repräsentiert werden.

Wie das Balkendiagramm (Abb. 18) zeigt, gibt die Mehrheit der befragten Personen (ca. 66%) an, dass ihr Haushalt ‚relativ gut' bis ‚sehr gut' mit dem gesamten Einkommen zurechtkommt. 31% der Befragten sagen, dass ihr Haushalt kleinere bis mittlere hat, mit dem zur Verfügung stehenden Einkommen zurechtzukommen und gar nur 3% der Befragten räumen sehr große Schwierigkeiten im Bezug auf das Haushaltseinkommen ein (vgl. Abb. 18). Diese recht positive Bewertung des Haushaltseinkommens kann angesichts des mehrheitlich eher niedrigen Einkommens der Befragten (vgl. Tabelle 16) daher rühren, dass im Haushaltseinkommen auch die Einkünfte anderer Haushaltsangehöriger enthalten sind. Das Item f100200 wird dabei aufgrund der in ihm erfassten Merkmalsausprägungen als ordinalskaliert angenommen.

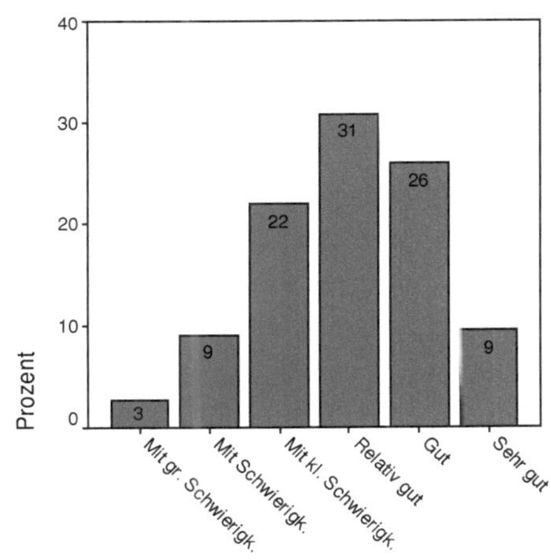

Abb. 18: Balkendiagramm des Items f100200 in Prozent der befragten Personen

4.6 Die Sicherheit des Arbeitsplatzes

Das Bewusstsein um die ökonomische Unabhängigkeit ist in Bezug auf die Fertilitätsentscheidungen ein bedeutender Einflussfaktor, so Onnen-Isemann (vgl.

Zusammenhang, da in den meisten Fällen das Haushaltseinkommen auch ein Einkommen der befragten Personen enthält.

Onnen-Isemann 2003: 99). Wie bereits dargestellt, beeinflussen nicht nur die Ressourcen und deren Bewertung die Handlungsmöglichkeiten der Akteure (vgl. 7.5), sondern auch ihre langfristige Verfügbarkeit (vgl. 4.2.1). Denn gerade ein langfristiges Einkommen kann als langwierige Ressourcenquelle stabilisierend auf die Handlungsoptionen im Lebenslauf wirken, da es eine langfristige Perspektive ökonomischer Unabhängigkeit und somit eine langfristige Berechenbarkeit des eigenen Lebenslaufes bietet. Dieser Zusammenhang wird unterstützt durch Broses (2008) Erkenntnis, dass gerade eine längere Arbeitslosigkeit die Umsetzung einer ersten Elternschaft negativ beeinflusst (vgl. Brose 2008: 49). Dementsprechend soll auch die Arbeitsplatzsicherheit in die Analysen dieser Forschungsarbeit mit einbezogen werden.

Im GGS wurde die Arbeitsplatzsicherheit einer Person über das metrisch skalierte Item f084700 erhoben. Dabei wurde auf einer Zehner-Skala gemessen, wie zufrieden die befragten Personen mit der Sicherheit ihres Arbeitsplatzes sind. Wie das Balkendiagramm (Abb. 19) zeigt, ist die Verteilung der Variable in den oberen Bereich der Skala verschoben. Die Mehrheit der befragten Personen ist dabei mit ihrer Arbeitsplatzsicherheit recht zufrieden (vgl. Abb. 19). Dies wird auch durch den Mittelwert der Variable bestätigt, der mit einem Wert von 6,76 ebenfalls im oberen Bereich der Skala liegt (vgl. Tabelle 21).

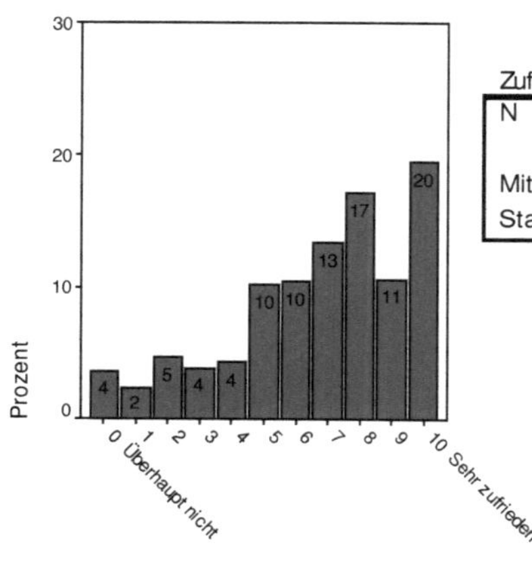

Abb. 19: Balkendiagramm des Items f84700 in Prozent der befragten Personen

Statistiken

Zufriedenheit mit Arbeitsplatzsicherheit

N	Gültig	471
	Fehlend	369
Mittelwert		6,76
Standardabweichung		2,756

Tabelle 21: Häufigkeit, Mittelwert und Standardabweichung des Items f084700

Ein Nachteil der Variable ist, dass nur ca. 56% der Befragten gültig auf die Frage nach ihrer Zufriedenheit mit ihrer Arbeitsplatzsicherheit geantwortet haben (vgl. Tabelle 21). Ähnlich wie beim Einkommen des Partners (vgl. 4.5) bedeutet dies, dass sich bei Einbezug der Variable ins Untersuchungsmodell (vgl. 3.2.2) die zu untersuchende Fallzahl drastisch verringern würde.

4.7 Der Bildungsabschluss

Auch das Wissen und die erlernten Fertigkeiten einer Person sind wichtige Ressourcen, die Handlungsoptionen im Lebenslauf eröffnen oder verschließen können (vgl. 4.2.2; Borchardt & Stöbel-Richter 2004: 31; vgl. Ajzen 1991: 181-182). Um die Bildung und das Wissen der befragten Personen sowie ihrer Partner in die Untersuchung einzubeziehen, wird der höchste schulische Bildungsabschluss von beiden genutzt.

Für die befragten Personen wurde dabei der höchste Schulabschluss mittels des Items f012001 erhoben. Der höchste Schulabschluss ihrer Partner wurde je nachdem, ob der Partner mit den befragten Personen einen gemeinsamen Haushalt bildet oder nicht, in den Items f030400 und f031300 erfasst. Der höchste Schulabschluss einer Person liefert an sich jedoch kaum Informationen über das tatsächliche Wissen einer Person und seine Fertigkeiten (Weiterbildungs- und Ausbildungsmaßnahmen werden darin z.B. gar nicht erfasst). Dementsprechend kann der höchste Bildungsabschluss nur als grober Indikator für die Bildung und das Wissen einer Person genutzt werden und wird daher für alle befragten Personen und deren Partner trichotom in niedrige, mittlere und hohe Bildungsabschlüsse zusammengefasst. Den Antwortkategorien ‚anderer Bildungsabschluss', ‚weiß nicht' und ‚k.A.' werden dabei systemfehlende Werte zugewiesen. Für die befragten Personen wird dabei die neue Variable ***Bild***, für ihre Partner die Variable ***BildP*** gebildet (vgl. Syn. 30 und 31 Anhang II). Beide Variablen werden als ordinalskaliert angenommen.

Betrachtet man nun den höchsten Bildungsabschluss der befragten Personen (***Bild***), ist festzustellen, dass die Mehrheit (44,6%) über einen ‚hohen' Bildungsabschluss (Abitur oder Fachhochschulreife) verfügt (vgl. Tabelle 22). Dies ist ein nicht überraschendes Ergebnis, denn die Tatsache, dass in der Stichprobe gerade höher gebildete Personen nach der Bereinigung des Datensatzes verblieben sind, bestätigt den im Abschnitt 3.2.2 aufgezeigten Befund, dass aufgrund der verlängerten Ausbildungszeiten erst später eine erste Elternschaft umgesetzt wird.

höchst. Bildungsabschluss

		Häufigkeit	Prozent	Gültige Prozente	Kumulierte Prozente
Gültig	niederig	150	17,9	18,7	18,7
	mittel	294	35,0	36,7	55,4
	hoch	358	42,6	44,6	100,0
	Gesamt	802	95,5	100,0	
Fehlend	System	38	4,5		
Gesamt		840	100,0		

Tabelle 22: Variable *Bild* nach Häufigkeiten und Prozent der befragten Personen

Dies legt auch die Betrachtung der Variable ***Bild*** und ***STE*** in einer Kreuztabelle nahe[70] (vgl. Tabelle 23 Anhang). Während 75,6% der befragten Personen mit einem niedrigen Bildungsabschluss bereits eine erste Elternschaft vollzogen haben, sind es bei den höher Gebildeten nur 57,5%. Dieser Unterschied ist, wie die Überprüfung mittels eines Chi²-Tests zeigt, nicht auf Zufall zurückzuführen (vgl. Tabelle 24 Anhang). Stattdessen besteht, wie das Zusammenhangsmaß CramersV ausgibt, ein mittelstarker Zusammenhang zwischen beiden Variablen (vgl. Tabelle 25 Anhang). Der Bildungsabschluss hat also einen Einfluss auf die Umsetzung einer Elternschaft.

Die Bildung des Partners

Wie sieht es jedoch mit der Bildung der Partner der befragten Personen aus, die ebenfalls in der Untersuchung berücksichtigt werden soll? Wie die neue Variable ***BildP*** zeigt, verfügt auch die Mehrheit der Partner der befragten Personen (ca. 42%) über einen höheren Bildungsabschluss (vgl. Tabelle 26). Mit leichten Abweichungen entsprechen sich sogar die Verteilungen der beiden Variablen ***Bild*** und ***BildP***. Dabei, so lässt sich mittels einer Korrelationsanalyse feststellen, nimmt mit dem Bildungsabschluss der Befragten auch der ihrer Partner signifikant zu (vgl.

---

[70] Dabei wurden erneut alle im Abschnitt 3.2.1 genannten Auswahlkriterien bis auf die Kinderlosigkeit auf den GGS angewandt sowie statt der Statusvariable *GSP* die Statusvariable *GPE* verwendet, um die betrachteten Gruppen vergleichbar zu machen.

Tabelle 27 Anhang). Wie der Korrelationskoeffizient Spearman-Rho angibt, besteht zwischen beiden Variablen auf hohem Signifikanzniveau ein recht deutlicher Zusammenhang (vgl. Tabelle 27 Anhang). Dies stellt kein überraschendes Ergebnis dar. Denn wie Forgas (1999) aufzeigt, ist es alltäglich, dass sich Personen, die sich in Einstellungen und Meinungen gleichen, eher erfolgreich soziale Kontakte (z.B. eine Partnerschaft) miteinander eingehen (vgl. Forgas 1999: 213-217).

höchst. Bildungsabschluss Partner

		Häufigkeit	Prozent	Gültige Prozente	Kumulierte Prozente
Gültig	niederig	154	18,3	19,6	19,6
	mittel	298	35,5	38,0	57,6
	hoch	333	39,6	42,4	100,0
	Gesamt	785	93,5	100,0	
Fehlend	9	42	5,0		
	99	13	1,5		
	Gesamt	55	6,5		
Gesamt		840	100,0		

Tabelle 26: Variable *BildP* nach Häufigkeiten und Prozent der befragten Personen

Auch lässt sich bei der Betrachtung der beiden Variablen ***BildP*** und ***STE*** in einer Kreuztabelle[71] feststellen, dass der Bildungsabschluss des Partners die Umsetzung einer ersten Elternschaft ebenfalls beeinflusst (vgl. Tabelle 28 und 29 Anhang). Wie schon im Falle der Variable ***Bild*** lassen sich dabei deutliche Unterschiede zwischen den niedrig und den höher gebildeten Personen finden: Während 79,3% der Personen mit einem niedrigen Bildungsabschluss bereits eine Elternschaft vollzogen haben, sind es bei den höher gebildeten Befragten nur 59,6% (vgl. Tabelle 28 Anhang). Auch diese Gruppenunterschiede sind, wie die Überprüfung mittels des Chi²-Tests zeigt, nicht auf Zufall zurückzuführen (vgl. Tabelle 29 Anhang).

[71] Auch in diesem Fall werden zur besseren Vergleichbarkeit beider betrachteter Gruppen alle im Abschnitt 3.2.1 genannten Auswahlkriterien, bis auf die Kinderlosigkeit, auf den Datensatz angewandt.

4.8 Die Lebensform der Befragten

Eine weitere wichtige Einflussvariable, die es zu beachten gilt, ist die Lebensform der befragten Personen. Denn auch sie kann auch als Element biographischer Sicherheit identifiziert werden (vgl. 2.5.4). Je institutionalisierter dabei eine Lebensform ist, umso schwerer ist es, sie wieder aufzulösen (vgl. 2.5.4). Damit steigt mit dem Institutionalisierungsgrad der Lebensform auch die Verlässlichkeit des weiteren Bestehens der Beziehung zweier Partner.

Im GGS wurde die Lebensform der befragten Personen jedoch nur indirekt mittels der Items f030201 und f030600 erhoben und muss daher zunächst ermittelt werden. Dies lässt sich jedoch über die beiden benannten Items gut bewerkstelligen. Das Item f030201 erfasst dabei, ob die befragten Personen, die mit ihrem Partner zusammen einen Haushalt bilden, in einer ehelichen oder in einer eingetragenen Partnerschaft leben. Das Item f030600 wiederum, das allen Personen gestellt wurde, die keinen Partner bei sich im Haushalt angaben, stellt fest, ob eine partnerschaftliche Beziehung ohne gemeinsamen Haushalt vorliegt. Mittels der beiden Items lassen sich die drei Lebensformen LAT, NEL und Ehe für die befragten Personen unterscheiden. Diese wurden in der neuen Variable ***Lebfor*** zusammengefasst (vgl. Syn. 32 Anhang II).

Lebensform

		Häufigkeit	Prozent	Gültige Prozente	Kumulierte Prozente
Gültig	LAT	419	49,9	49,9	49,9
	NEL	256	30,5	30,5	80,4
	Ehe	165	19,6	19,6	100,0
	Gesamt	840	100,0	100,0	

Tabelle 30: Variable *Lebfor* nach Häufigkeiten und Prozent der befragten Personen

Wie die Tabelle 30 zeigt, befinden sich über die Hälfte der befragten Personen (ca. 50%) in LAT-Beziehungen. Knapp 30% wohnen mit ihren Partnern zusammen und bilden einen gemeinsamen Haushalt. Die restlichen ca. 20% der befragten Personen sind verheiratet. Auch diese Zahlen sind aufgrund der Altersverteilung in der

Stichprobe nicht überraschend. Denn vor allem die LATs und NELs können als Lebensform jüngerer Personen gelten[72].

4.9 Die Einstellung zur Elternschaft

Wie in der *Theorie geplanten Verhaltens* dargestellt wurde, reichen Ressourcen alleine nicht aus, um die Umsetzung einer ersten Elternschaft erklären zu können, denn alle Ressourcen nützen wenig, wenn ein Paar keine positive Einstellung bezüglich einer ersten Elternschaft besitzt (vgl. 2.6). Diese positive Einstellung zeichnet sich dabei in dem Nutzen und den Kosten, die einer Elternschaft beigemessen werden, ab (vgl. 2.3 und 2.6). Im GGS wurde die Einstellung bezüglich des Nutzens von Kindern über die Items f111241 bis f111247 erhoben (Abb. 20-26 Anhang). Die Items erfassen dabei auf einer Fünfer-Skala die Zustimmung der befragten Personen zu verschiedenen Nutzenaspekten von Kindern (darunter vor allem der emotionale Nutzenaspekt).

Bevor sich die Items zu einer neuen Variable zusammenfassen lassen, müssen sie zunächst entsprechend ihrer Fragerichtung recodiert werden. Dabei soll ein hoher Wert eine hohe Zustimmung zum Nutzen von Kindern repräsentieren (vgl. Syn. 33 Anhang II). Im Anschluss daran werden die sieben Items zur neuen Variable ***Nutzen*** zusammengefasst (vgl. Syn. 34 Anhang II). Mit einem Cronbach's Alpha von 0,819 lässt sich dabei die neue Variable als sehr verlässlich ansehen.

Wie das Histogramm (Abb. 27) zeigt, ist die neue Variable ***Nutzen*** um den Mittelpunkt der Skala annähernd normalverteilt. Der Mittelwert der neuen Variable liegt dementsprechend bei 3,13.

---

[72] Immer mehr junge Menschen leben im Falle einer Partnerschaft zunächst in einer LAT-Beziehung oder (z.T. im Anschluss daran) in einer nichtehelichen Lebensgemeinschaft (NEL), bevor (wenn überhaupt) eine Elternschaft geplant wird (vgl. Peuckert 2005: 37). Gerade die LATs oder NELs werden gerne über längere Zeit einer möglichen Ehe als vorfamiliäre Lebensform vorgezogen (vgl. Vaskovics & Rupp 1995: 14-16; Brüderl 2004: 5, 7). So wird teilweise bei den nichtehelichen Lebensgemeinschaften (NELs) schon von einer Art Ehe auf Probe gesprochen (vgl. Vaskovics & Rupp 1995: 14-15).

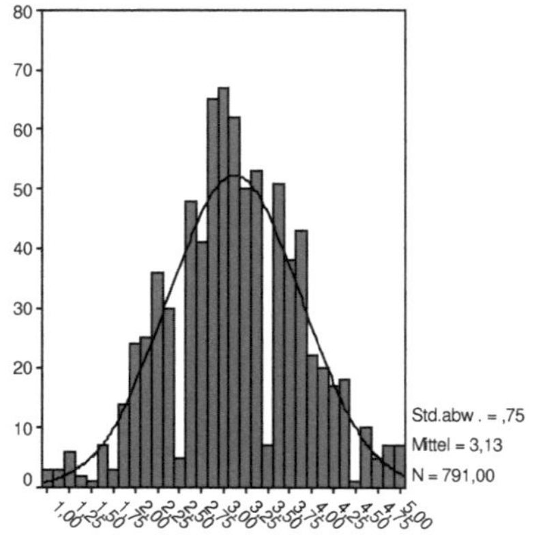

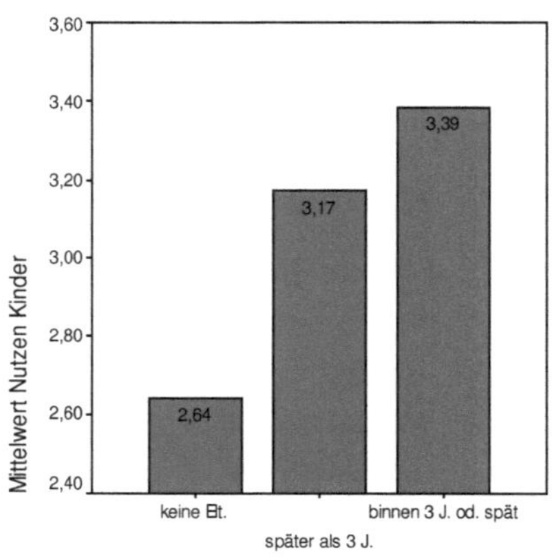

Abb. 27 (links): Histogramm der Variable Nutzen mit Normalverteilungskurve
Abb. 28 (rechts): Balkendiagramm der Variable *PLK* aufgeteilt nach dem Mittelwert der Variable *Nutzen*

Betrachtet man diesen Mittelwert aufgeteilt nach den in der Variable ***STE*** unterschiedenen Gruppen, so lassen sich deutliche Gruppenunterschiede feststellen (Abb. 28). Wie der Vergleich der Mittelwerte zeigt (Abb. 28), bewerten Personen, die binnen der nächsten drei Jahre eine Elternschaft umsetzen würden, den Nutzen von Kindern höher als diejenigen Personen, die gar keine oder erst später als binnen der nächsten drei Jahre eine Elternschaft in Betracht ziehen (vgl. Abb. 28). Damit scheint sich die Annahme zu bestätigen, dass die Betonung des Nutzens von Kindern die Umsetzung einer Elternschaft beschleunigen kann. Dies gilt es jedoch noch weiter empirisch zu überprüfen und gegen den Zufall abzusichern.

4.10 Die wahrgenommenen Opportunitätskosten

Wie in Abschnitt 3.2.2 dargestellt, wird davon ausgegangen, dass sich die Einstellung einer Person bezüglich der Kosten und des Nutzens einer ersten Elternschaft aus ihren in diesem Zusammenhang wahrgenommenen Opportunitätskosten ergibt.

Um den benannten Zusammenhang empirisch zu überprüfen, werden die Items f062701 bis f062711 des GGS für die Abbildung der wahrgenommenen Opportunitätskosten einer Person bezüglich einer ersten Elternschaft herangezogen.

Bei den Items gaben die befragten Personen auf einer Fünfer-Skala an, welche Folgen (Verbesserung oder Verschlechterung) sie für verschiedene Bereiche ihres Lebens erwarteten, würden sie in den nächsten drei Jahren ein Kind bekommen (vgl. Ruckdeschel, Ette, Hullen & Leven 2006: 94). Je höher dabei der Wert auf der Skala ist, umso negativer wurden die Folgen einer Elternschaft für den betroffenen Lebensbereich gesehen. Wie die Tabelle 31 zeigt, werden vor allem die Bereiche ‚Beschäftigungschancen', ‚finanzielle Situation' und die ‚Möglichkeit, zu tun, was [man] will' als problematisch gewertet. Hier zeigen die erhöhten Mittelwerte deutlich, dass die befragten Personen im Durchschnitt von einer Verschlechterung ihrer Lebenssituation ausgehen, würden sie innerhalb der nächsten drei Jahre ein Kind bekommen. Anders sieht es für die Bereiche ‚Beziehungsenge' beider Partner, ‚Lebensfreude', aber auch ‚Sicherheit im Alter' aus: Hier erwarten die Befragten im Durchschnitt durch ein Kind eine Verbesserung.

Deskriptive Statistik

	N	Mittelwert	Standardabweichung
Finanzielle Situation	822	3,77	,764
Möglichkeit zu tun was B will	809	3,74	,808
Beschäftigungschancen	809	3,51	,790
Beschäftigungschancen des P von B	792	3,46	,799
Sexualleben	695	3,09	,547
Meinung der Leute über B	736	2,88	,525
Sicherheit im Leben	763	2,83	,608
Fürsorge, Sicherheit im Alter	733	2,66	,621
Beziehungsenge zwischen Eltern und B	791	2,66	,615
Lebensfreude, -zufriedenheit	770	2,55	,854
Beziehungsenge zw. B und P	746	2,50	,751
Gültige Werte (Listenweise)	558		

Tabelle 31: Deskriptive Statistiken der Items f062701 bis f062711

Die einzelnen Items der Skala werden zur neuen Variable ***Oppk*** zusammengefasst, um eine allgemeine Bewertung der wahrgenommenen Opportunitätskosten einer ersten Elternschaft zu erhalten (vgl. Syn. 35 Anhang II). Mit einem Cronbach's Alpha von 0,7732 ergibt sich bei elf Items ein nur als ‚relativ gut' anzusehender Wert. Dennoch soll die neue Variable als verlässlich angesehen werden. Wie das Histogramm der neuen Variable ***Oppk*** zeigt, ist die neue Variable um den Mittelpunkt der Skala annähernd normalverteilt (vgl. Abb. 29).

Da sich die Einstellung bezüglich einer ersten Elternschaft aus den wahrgenommenen Opportunitätskosten einer Person ergeben soll, ist eine Betrachtung des Zusammenhangs der beiden Variablen ***Nutzen*** und ***Oppk*** in einem Streudiagramm sinnvoll (Abb. 30). Wie dieses Streudiagramm zeigt, scheint zwischen beiden Variablen ein deutlicher negativer Zusammenhang zu bestehen.

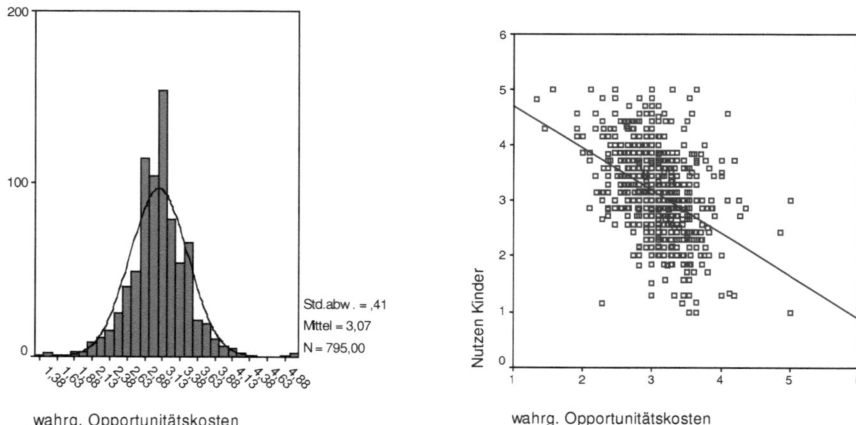

Abb. 29 (links): Histogramm der Variable *Oppk* mit Normalverteilungskurve
Abb. 30 (rechts): Streudiagramm der Variablen *Oppk* und *Nutzen* mit Anpassungslinie

So verdeutlicht die Anpassungslinie im Diagramm, dass sich mit der Zunahme der wahrgenommenen Opportunitätskosten einer Elternschaft tendenziell auch die Einstellung bezüglich des Nutzens von Kindern verringert. Ob sich dieser Zusammenhang jedoch statistisch gegen den Zufall absichern lässt, muss noch im Rahmen der Hypothesenüberprüfung geklärt werden (vgl. 3.2).

4.11 Die angenommene Einstellung des sozialen Netzwerks

Auch das umgebende soziale Netzwerk einer Person soll in seinem Einfluss auf die Intention der Umsetzung einer ersten Elternschaft näher betrachtet werden. Denn gerade das umgebende soziale Netzwerk kann Vorstellungen des Ablaufs von Timingentscheidungen im Lebenslauf vermitteln (vgl. Bernardi et al. 2006: 360) bzw. über die Gewährung von Unterstützungsleistungen (sogenanntem sozialen Kapital) das Verhalten der Akteure beeinflussen[73] (vgl. 2.5.5).

Im GGS wurde mittels der Items f062901 bis f062901 auf einer Fünfer-Skala die von den befragten Personen angenommene Zustimmung ihres sozialen Netzwerks – genauer gesagt ihres Freundeskreises (f062901), ihrer Eltern (f062902) und ihrer Verwandten (f062903) – zu einem (weiteren[74]) Kind binnen der nächsten drei Jahre erhoben (vgl. Abb. 31-33).

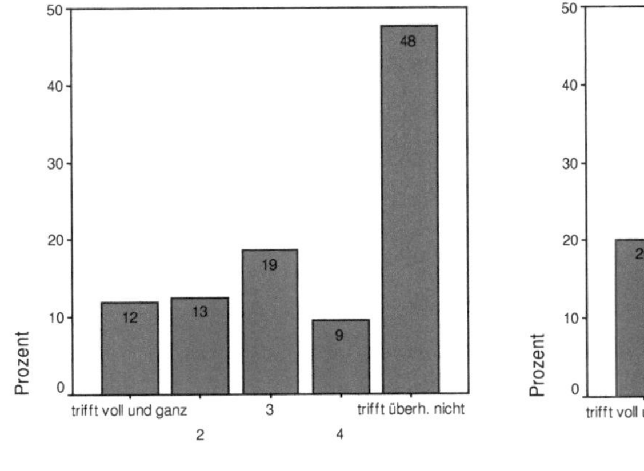

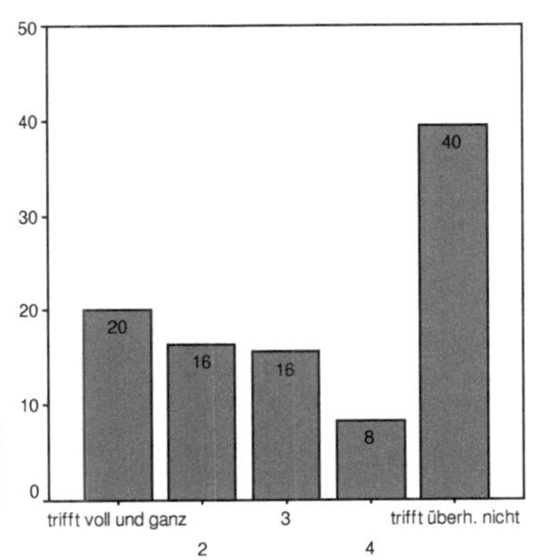

Abb. 31-32: Balkendiagramme der Items f062901 bis f062902 in Prozent der befragten Personen

[73] Dieser Zusammenhang wird auch in der *Theorie geplanten Verhaltens* im Rahmen der subjektiven Norm thematisiert (vgl. 2.5).

[74] Die Items wurden an alle befragten Personen in der Studie gestellt. Je nachdem, ob bereits eine erste Elternschaft eingegangen wurde oder nicht, wurde die Frageformulierung der Items angepasst.

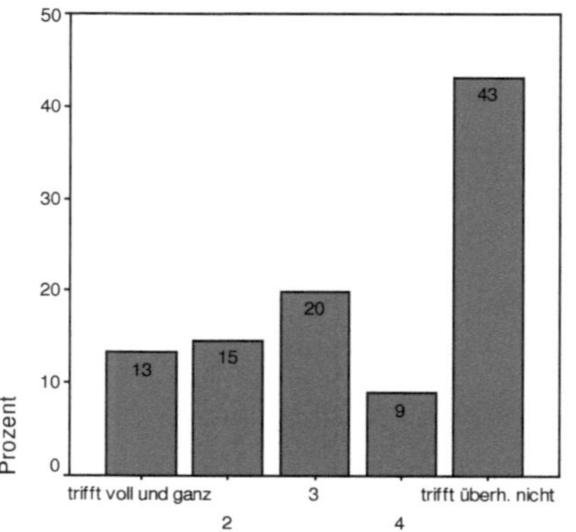

Abb. 33: Balkendiagramme des Items f062903 in Prozent der befragten Personen

Wie die Betrachtung der drei Items zeigt, geht die Mehrheit der gültig befragten Personen davon aus, dass ihre meisten Freunde (57%), ihre Eltern (48 %) oder ihre meisten Verwandten (52%) eine Elternschaft binnen der nächsten drei Jahre nicht (bzw. überhaupt nicht) gut finden würden (vgl. Abb. 31-33). Nur ein kleiner Teil an Personen nimmt an, dass eine Elternschaft von den meisten Freunden (25%), den Eltern (36%) oder den meisten Verwandten (28%) begrüßt würde (vgl. Abb. 31-33). Dementsprechend ist die Verteilung aller Items stark in den oberen Bereich der Skala verschoben.

Ursächlich für diese Verteilung könnte auch hier das Alter der befragten Personen sein. Denn gerade die hier in der Stichprobe sehr stark vertretenen jüngeren Personen (ca. 41% sind unter 26 Jahre alt; vgl. Tabelle 11) müssen noch vielfach ihre berufliche Zukunft absichern (vgl. Huinink 2001: 157). So verwundert es nicht, dass die Befragten davon ausgehen, dass das sie umgebende soziale Netzwerk zunächst andere Lebensbereiche offensichtlich als wichtiger erachtet und ihnen dies auch so vermittelt[75].

[75] Dass die umgebenden sozialen Netzwerke einer Person solche Vorstellungen von Lebensverläufen vermitteln können, konnte Bernardi (2006) nachweisen (vgl. Bernardi et al. 2006: 359-360).

Die Frage ist nun, ob sich die angenommene Einstellung der meisten Freunde, der Eltern und der meisten Verwandten bezüglich einer ersten Elternschaft binnen der nächsten drei Jahre tatsächlich auf die Timingintention einer befragten Person auswirkt. Um diese Frage zu beantworten, werden die drei Items f062901 bis f062901 zunächst zusammengefasst, um eine allgemeine Variable der angenommenen Zustimmung des umgebenden sozialen Netzwerks bezüglich einer ersten Elternschaft binnen der nächsten drei Jahre zu erhalten (vgl. Syn. 36 Anhang II). Die dabei neu gebildete Variable ***Enetz*** wird dabei als metrisch skaliert angenommen. Sie ist mit einem Cronbach's Alpha von 0,8884 als sehr verlässlich anzusehen. Wie das Histogramm (Abb. 34) zeigt, ist die Verteilung der Variable entsprechend den in ihr zusammengefassten Items in den oberen Bereich der Skala verschoben. Ein hoher Wert im Histogramm bedeutet auch hier eine angenommene negative Reaktion des sozialen Netzwerks. Ein Großteil der befragten Personen nimmt also weiterhin eine negative Reaktion des sie umgebenden sozialen Netzwerks an, würden sie innerhalb der nächsten drei Jahre eine Elternschaft eingehen.

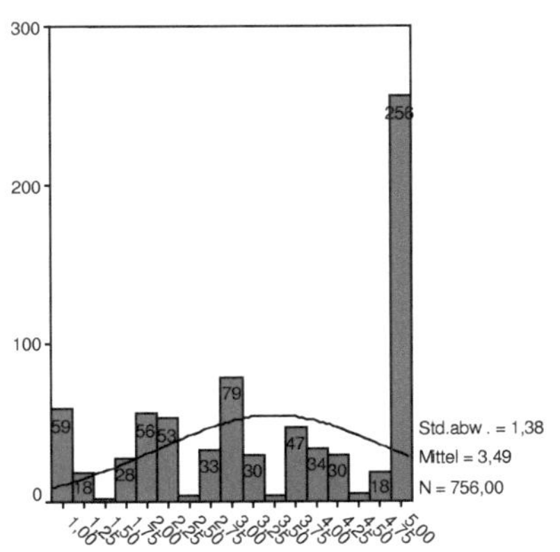

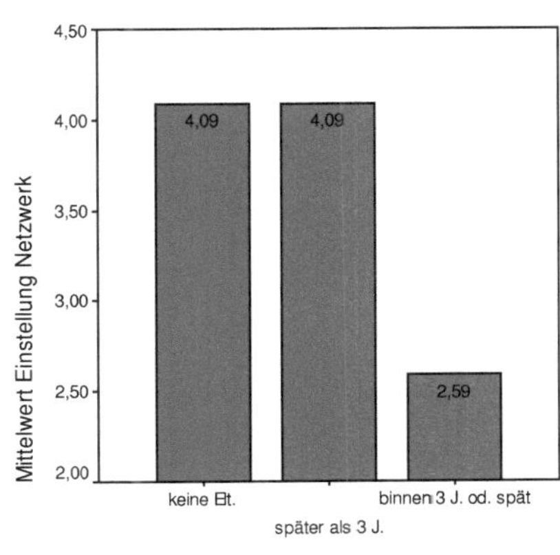

Abb. 34 (links): Histogramm der Variable *Enetz* mit Normalverteilungskurve
Abb. 35 (rechts): Balkendiagramm der Variable *PLK* aufgeteilt nach Mittelwerten der Variable *Enetz*

Betrachtet man den Mittelwert der Variable ***Enetz*** aufgeteilt nach der Variable ***PLK***, zeigt sich ein deutlicher Unterschied zwischen den in der Variable PLK unterschiedenen Gruppen (vgl. Abb. 35). So liegt bei den Personen die innerhalb der nächsten drei Jahre die Umsetzung einer Elternschaft planen, der Mittelwert der Variable ***Enetz*** deutlich niedriger als bei den Personen, die eine Elternschaft aufschieben oder gar nicht mehr umsetzen wollen. Die Personen dieser Gruppe gehen also von einer leicht positiven Reaktion ihres sozialen Netzwerks auf eine Elternschaft aus. Dieser Zusammenhang ist, wie die Überprüfung beider Variablen in einer Korrelationsanalyse zeigt, nicht auf den Zufall zurückzuführen[76] (vgl. Tabelle 32 Anhang). Näher soll auf diesen Zusammenhang im Rahmen der Überprüfung der Hypothese **H 4** eingegangen werden (vgl. 5.4).

---

[76] Da die Variable ***PLK*** ordinalskaliert ist, wird bei der Korrelationsanalyse der Rangkorrelationskoeffizient Spearman verwendet. Wie Spearman ausgibt, besteht zwischen den Variablen ***Enetz*** und ***PKL*** ein deutlicher negativer Zusammenhang auf 1%igem Signifikanzniveau. Je größer dabei der Wert der Variable ***Enetz*** wird, d.h. je mehr eine negative Reaktion des sozialen Netzwerks auf eine Elternschaft innerhalb der nächsten drei Jahre angenommen wird, umso mehr wird eine Elternschaft aufgeschoben (vgl. Tabelle 32 Anhang).

5. Hypothesenüberprüfung

Die in dieser Untersuchung vorgenommenen Analysen erfolgen für beide Geschlechter getrennt, da bei Männern und Frauen unterschiedliche Entscheidungsvoraussetzungen vorhanden[77] und daher unterschiedliche Effekte einzelner Einflussvariablen zu erwarten sind. So ist beispielsweise für Männer ein stärkerer negativer Einfluss der wahrgenommenen Unsicherheit auf die wahrgenommenen Opportunitätskosten einer ersten Elternschaft anzunehmen, da nach Hank und Tölke (2005) gerade Männer mit Kindern „häufiger und stärker als Frauen [...] möglich[e] negativ[e] Konsequenzen" assoziieren (Hank & Tölke 2005: 10).

5.1 Die Bedeutung der Elemente biographischer Sicherheit für die wahrgenommene Unsicherheit

Wie im Untersuchungsmodell der Arbeit dargestellt wurde, soll die wahrgenommene Unsicherheit einer Person von den *Elementen biographischer Sicherheit* abhängen (vgl. 3.2.2). Dabei wird davon ausgegangen, dass mit der Zunahme der *Elemente biographischer Sicherheit* die wahrgenommene Unsicherheit einer Person abnimmt (vgl. 3.2.2). Dieser Zusammenhang wurde bisher nur theoretisch begründet, aber noch nicht empirisch nachgewiesen. Ihn nachzuweisen ist jedoch grundlegend für die Beantwortung der Fragestellung der Untersuchung, denn über die wahrgenommene Unsicherheit einer Person soll später die Timingintention einer Person erklärt und mit den *Elementen biographischer Sicherheit* in Verbindung gebracht werden (vgl. 3.2.2). Die erste Hypothese der Untersuchung lautet daher:

H 1: Je ausgeprägter die Elemente biographischer Sicherheit sind, umso geringer ist die wahrgenommene Unsicherheit einer Person (umso größer ist ihre angenommene zukünftige Kontrolle).

[77] Dies geht zum einen darauf zurück, dass Frauen die Kinder austragen und damit zumindest zeitweise aus dem Beruf ausscheiden (vgl. Burkart 1994: 250; Borchardt & Stöbel-Richter 2004: 50-51), bzw. zum anderen, dass sie zumeist „den Großteil der Opportunitätskosten der Kindererziehung schultern" (Brose 2008: 32).

Zur Prüfung der Hypothese wird zunächst entsprechend dem Falsifikationsprinzip von Karl-Raimund Popper die Nullhypothese gebildet:

Nullhypothese: Die wahrgenommene Unsicherheit einer Person wird nicht von den Elementen biographischer Sicherheit beeinflusst.

Die Variable ***Kontr*** stellt im Rahmen dieser Hypothesenüberprüfung die abhängige Variable dar und ist ordinalskaliert. Die Hypothesenüberprüfung erfolgt für beide Geschlechter getrennt (vgl. 5.). Als unabhängige Variablen werden für die Männer die Variablen ***EK***, ***Bild*** und ***Lebfor*** sowie die Items f084700 (für die Bewertung der Arbeitsplatzsicherheit) und f100200 (für die Bewertung des Haushaltseinkommens) berücksichtigt. Für alle Personen weiblichen Geschlechts werden zusätzlich als unabhängige Variablen ***EKP*** und ***BildP*** in die Analyse mit einbezogen, da für sie die Berufschancen ihrer Partner wichtige Einflussfaktoren darstellen, die berücksichtigt werden müssen[78] (vgl. Kühn 2004: 292). Als Kontrollvariablen werden in beiden Analysen die Variablen ***ostwest*** sowie ***alter3*** zugefügt, um mögliche Effekte der Altersgruppenzugehörigkeit bzw. des Wohnorts zu kontrollieren (vgl. 3.2.2).

Da die abhängige Variable ordinales Messniveau aufweist, wird die ordinale Regression als Verfahren zur Überprüfung der oben dargestellten Hypothese angewandt. Während dabei die Variablen ***EK***, ***EKP***, ***Bild***, ***BildP***, ***Lebfor***, ***ostwest*** und ***alter3*** als Faktoren eingehen, werden die Items f084700 und f100200 als Kovariaten in die Analyse einbezogen. Da in der ordinalen Regression für Faktoren immer die numerisch höchste Ausprägung einer Variable als Vergleichsgruppe genutzt wird, um daraus die Effekte der Zugehörigkeit zu den anderen Gruppen zu berechnen, werden die Variablen ***EK***, ***EKP***, ***Bild***, ***BildP*** und ***Lebfor*** sowie die Kontrollvariable ***Alter3*** in ihrer Fragerichtung so gedreht, dass der höchste numerische Wert der Variablen der jeweils niedrigsten Ausprägung entspricht (vgl. Syn. 37 Anhang II). Dies hat den Vorteil, dass sich nun in den Tabellen die jeweiligen Effekte der sinngemäß höheren Ausprägungen ablesen lassen. Als

[78] Dies lässt sich vor allem mit der sich entwickelnden Abhängigkeit der Frauen von ihren Partnern begründen, die sich zumindest während und für kurze Zeit nach der Schwangerschaft für sie ergibt, da sie aus dem Berufsleben zunächst ausscheiden (dabei nicht selten ihre Berufschancen verlieren) und für eine gewisse Zeit die Hauptlast der Kinderbetreuung tragen (vgl. Brose 2008: 32; Burkart 1994: 250).

Funktion zur Verknüpfung der abhängigen Variable mit den unabhängigen Variablen wird die Complementary-log-log-Funktion verwendet, da die höheren Kategorien der abhängigen Variable stärker vertreten sind (vgl. Abb. 14; Bühl & Zöfel 2002: 377). Zur Analyse des Einflusses der unabhängigen Variablen auf die abhängige Variable ***Kontr*** wird die Wald-Statistik als Teststatistik angenommen und ein Signifikanzniveau von 5% festgelegt. Insgesamt fließen in die Analyse 215 Männer und 117 Frauen mit ein (vgl. Tabelle 33 und 34 Anhang).

Im Rahmen der ordinalen Regression werden nun zwei Modelle geschätzt: eines, in das nur ein konstanter Term der abhängigen Variable einfließt, und ein weiteres, in dem die unabhängigen erklärenden Variablen als Faktoren berücksichtigt werden. Im Anschluss daran werden beide Modelle miteinander verglichen. „Als Maß, ob die [unabhängigen Variablen nun] eine signifikante Verbesserung der Modellinformation bringen, dient ähnlich wie bei der binären logistischen Regression der negative 2LL-Wert[79]" (Bühl & Zöfel 2002: 374). Wie dieser im vorliegenden Fall ausgibt, bringen die unabhängigen Variablen eine eindeutige signifikante Modellverbesserung sowohl für die Frauen als auch für die Männer (vgl. Tabelle 35). Die unabhängigen Variablen tragen also signifikant zur Varianzaufklärung der abhängigen Variable bei.

Information zur Modellanpassung

Geschlecht B	Modell	-2 Log-Likelihood	Chi-Quadrat	Freiheits-grade	Sig.
Männlich	Nur konstanter Term	652,526			
	Final	608,663	43,863	11	,000
Weiblich	Nur konstanter Term	387,277			
	Final	350,291	36,987	14	,001

Verknüpfungsfunktion: Log-Log komplementär.

Tabelle 35: Darstellung der Modellanpassung getrennt nach Geschlecht der befragten Personen

Wie gut nun diese Verbesserung bzw. die Anpassungsgüte des Modells tatsächlich ist, wird ähnlich wie beim Hosmer-Lemeshow-Test über den Vergleich der im Modell geschätzten mit den beobachteten Häufigkeiten gebildet. Dabei wird ein Chi²-Test nach Pearson durchgeführt und die Ablehnung der Nullhypothese

[79] Damit ist der doppelte negative Logarithmuswert gemeint.

angestrebt (vgl. Bühl & Zöfel 2002: 374). Im Falle des vorliegenden Modells wird die Nullhypothese für beide Geschlechter bestätigt und damit eine gute Anpassungsgüte unterstellt (vgl. Tabelle 36).

Anpassungsgüte

Geschlecht B		Chi-Quadrat	Freiheitsgrade	Sig.
Männlich	Pearson	961,353	969	,563
	Abweichung	593,413	969	1,000
Weiblich	Pearson	604,576	561	,099
	Abweichung	348,904	561	1,000

Verknüpfungsfunktion: Log-Log komplementär.

Tabelle 36: Anpassungsgüte des Modells getrennt nach Geschlecht der befragten Personen

Problematisch ist jedoch, dass in die Analyse viele Zellen mit Nullhäufigkeiten eingegangen sind (vgl. Abb. 36 und 37) und daher die Anwendung des Chi²-Tests nach Pearson als Test der Anpassungsgüte des Modells als wenig verlässlich einzustufen ist (vgl. Bühl & Zöfel 2002: 374).

Warnungen

Es gibt 974 (82,4%) Zellen (also Niveaus der abhängigen Variablen über Kombinationen von Werten der Einflußvariablen) mit Null-Häufigkeiten.

Abb. 36: Ausgabe der Warnung zur Modelluntersuchung für das Geschlecht männlich

Warnungen

Es gibt 579 (83,2%) Zellen (also Niveaus der abhängigen Variablen über Kombinationen von Werten der Einflußvariablen) mit Null-Häufigkeiten.

Abb. 37: Ausgabe der Warnung zur Modelluntersuchung für das Geschlecht weiblich

Um aber dennoch die Anpassungsgüte des Modells einschätzen zu können, wird das Pseudo-R^2 für das vorliegende Modell ausgegeben. Mit einem Pseudo-R^2 (Nagelkerke) von 19,3% für die Männer und 28,1% für die Frauen ergibt sich ein recht guter Wert für die Aufklärung der Varianz der abhängigen Variable (vgl. Tabelle 37).

Pseudo R-Quadrat

Männlich	Cox und Snell	,185
	Nagelkerke	,193
	McFadden	,066
Weiblich	Cox und Snell	,271
	Nagelkerke	,281
	McFadden	,095

Verknüpfungsfunktion: Log-Log komplementär.

Tabelle 37: Ausgabe zum erzielten Pseudo-R-Quadrat in der Modelluntersuchung

Im Hinblick auf die Überprüfung der Hypothesen **H 1** der Untersuchung ist es nun von Interesse, die Einflüsse der einzelnen im Modell eingeschlossenen erklärenden Variablen genau zu betrachten. Dies geschieht über die Interpretation von Parameterschätzern, die Schwelle- und Lageschätzer genannt werden. Über die Lageschätzer lassen sich die Effekte der einzelnen unabhängigen Variablen interpretieren. Ein positiver Schätzer bedeutet, dass „die betreffende Kategorie [oder Variable] im Sinne einer höheren Kategorie der abhängigen Variable wirkt“, und ein negativer Schätzer beschreibt den umgekehrten Fall (Bühl & Zöfel 2002: 376). Zusammen mit den Schwellenschätzern, die für die einzelnen Kategorien der abhängigen Variable stehen, lässt sich mittels der Formel:

ln(-ln(1-p)) = Schwellenschätzer – Summe der Lageschätzer

Complementary log-log-Funktion

die jeweilige kumulierte Wahrscheinlichkeit der einzelnen Kategorien der abhängigen Variable berechnen, indem die Gleichung nach p aufgelöst wird (vgl. Bühl & Zöfel 2002: 376-377).

In der Tabelle 38 lassen sich nun die einzelnen Parameterschätzer für die unabhängigen Variablen (Lage) sowie für die Kategorien der abhängigen Variable (Schwelle) als auch deren Signifikanzen für die Männer ablesen. Dabei zeigen sich signifikante Einflüsse der Items f084700 (Bewertung der Arbeitsplatzsicherheit) und f100200 (Bewertung des Haushaltseinkommens) auf die Variable ***Kontr***. Wie die Werte der Schätzer dabei erkennen lassen, wirken beide Items im Sinne einer höheren Kategorie der abhängigen Variable. Mit zunehmender positiver Bewertung der Arbeitsplatzsicherheit bzw. besserer Bewertung des Haushaltseinkommens nimmt somit die angenommene zukünftige Kontrolle über die erhobenen Lebensbereiche eher zu und damit die wahrgenommene Unsicherheit ab. Was das Einkommen der befragten Personen (***EKr***) betrifft, so lassen sich – anders als erwartet – in Bezug auf die wahrgenommene Unsicherheit einer Person keine signifikanten Zusammenhänge finden. Die angegebenen Schätzer für die Einkommensgruppen sind somit hochgradig insignifikant und sollen hier nicht weiter interpretiert werden.

Parameterschätzer

		Schätzer	Standard-fehler	Wald	Freiheits-grade	Sig.
Schwelle	[KONTR = 0]	-,256	,514	,248	1	,619
	[KONTR = 1]	,257	,494	,269	1	,604
	[KONTR = 2]	,869	,483	3,243	1	,072
	[KONTR = 3]	1,502	,480	9,780	1	,002
	[KONTR = 4]	2,246	,488	21,210	1	,000
Lage	F084700	,128	,035	13,114	1	,000
	F100200	,259	,099	6,853	1	,009
	[EKR=1]	,614	,637	,930	1	,335
	[EKR=2]	-,015	,213	,005	1	,943
	[EKR=3]	0[a]	.	.	0	.
	[BILDR=1]	,395	,275	2,060	1	,151
	[BILDR=2]	,132	,239	,306	1	,580
	[BILDR=3]	0[a]	.	.	0	.
	[LEBFORR=1]	,156	,259	,362	1	,547
	[LEBFORR=2]	,138	,210	,430	1	,512
	[LEBFORR=3]	0[a]	.	.	0	.
	[OSTWEST=0]	-,119	,247	,230	1	,632
	[OSTWEST=1]	0[a]	.	.	0	.
	[ALTER3R=1]	-,099	,268	,136	1	,712
	[ALTER3R=2]	,489	,223	4,793	1	,029
	[ALTER3R=3]	0[a]	.	.	0	.

Verknüpfungsfunktion: Log-Log komplementär.

a. Dieser Parameter wird auf Null gesetzt, weil er redundant ist.

Tabelle 38: Ausgabe der Parameterschätzer der Modelluntersuchung für das Geschlecht männlich

Ähnlich sieht es für die Variablen ***Lebforr*** und ***Bildr*** aus. Diese weisen positive Schätzer auf, die erkennen lassen, dass mit der Bildung oder dem Institutionalisierungsgrad einer Beziehung die Unsicherheit abnimmt. Doch die Effekte können auch hier nicht gegen den Zufall abgesichert werden. Auch für die Kontrollvariable ***OstWest*** ist dies festzustellen.

Anders sieht es mit der Kontrollvariable ***Alter3r*** aus. Hier sind die Parameterschätzer teilweise signifikant (vgl. Tabelle 38). Wie die Schätzer zeigen, sorgt die Zugehörigkeit zu der mittleren Altersgruppe (26 bis 35 Jahre) bei den Männern für eine stärkere Zustimmung zu einer höheren Kategorie der abhängigen Variable. Die wahrgenommene Unsicherheit einer Person nimmt also mit dem Alter zunächst signifikant ab. Mit der Zugehörigkeit zur höchsten Altersgruppe kehrt sich dieser Effekt jedoch wieder um. Es ergibt sich also für die Variablen ***Alter3r*** und ***Kontr*** eine scheinbar quadratische Beziehung, bei der sich allerdings der Effekt für die letzte Altersgruppe nicht gegen den Zufall absichern lässt. Dennoch erscheint der Effektverlauf durchaus verständlich. Denn mit dem Alter eines Menschen erhöht sich auch die Eigenständigkeit der Akteure (z.B. durch die stärkere Integration der Menschen im Berufsleben), was die Wahrnehmung der eigenen Kontrolle über die eigene Zukunft verstärken könnte. Zudem nimmt der Lebenslauf mehr und mehr feste Strukturen an, was über die Strukturierungswirkung der bisher getroffenen Entscheidungen im Lebenslauf die relative Sicherheit über den weiteren Verlauf der eigenen Zukunft erhöhen kann (vgl. 2.4). Mit Erreichen eines höheren Alters könnte jedoch die Risikobereitschaft der Akteure im Allgemeinen ab- bzw. ihr Interesse zunehmen, ihren Lebensstandard zu erhalten, was sich erneut negativ auf die Zukunftswahrnehmung äußern und so wiederum für eine erneute Zunahme der wahrgenommenen Unsicherheit sorgen könnte.

Zusammengefasst lässt sich für die Männer festhalten, dass nur zwei der ursprünglichen fünf getesteten *Elemente biographischer Sicherheit* einen signifikanten Einfluss auf die wahrgenommene Unsicherheit ausüben. Diese beiden Elemente beziehen sich auf den Rahmen der materiellen Sicherheit der Akteure und unterstreichen damit deren Bedeutung für die Lebenslaufplanung.

Doch wie sieht es nun in diesem Zusammenhang in Bezug auf die Frauen in der Untersuchung aus? Welche Effekte lassen sich für sie feststellen? Und unterscheiden sich diese, wie es vermutet wurde, von denen der Männer?

Bei der Beantwortung dieser Fragen hilft die Tabelle 39, die die Parameterschätzer für die Frauen ausgibt, weiter.

Parameterschätzer

		Schätzer	Standard-fehler	Wald	Freiheits-grade	Sig.
Schwelle	[KONTR = 0]	-,291	,612	,226	1	,635
	[KONTR = 1]	,102	,601	,029	1	,865
	[KONTR = 2]	,650	,595	1,195	1	,274
	[KONTR = 3]	1,190	,595	3,995	1	,046
	[KONTR = 4]	1,969	,607	10,532	1	,001
Lage	F084700	,111	,048	5,425	1	,020
	F100200	,346	,141	5,992	1	,014
	[EKR=1]	-,082	,762	,012	1	,914
	[EKR=2]	,458	,365	1,575	1	,209
	[EKR=3]	0[a]	.	.	0	.
	[BILDR=1]	,509	,412	1,524	1	,217
	[BILDR=2]	,468	,348	1,807	1	,179
	[BILDR=3]	0[a]	.	.	0	.
	[LEBFORR=1]	-,517	,261	3,923	1	,048
	[LEBFORR=2]	0[a]	.	.	0	.
	[OSTWEST=0]	-,331	,378	,764	1	,382
	[OSTWEST=1]	0[a]	.	.	0	.
	[ALTER3R=1]	-,284	,450	,397	1	,528
	[ALTER3R=2]	-,245	,295	,693	1	,405
	[ALTER3R=3]	0[a]	.	.	0	.
	[EKPR=1]	,813	,642	1,603	1	,205
	[EKPR=2]	-,471	,305	2,386	1	,122
	[EKPR=3]	0[a]	.	.	0	.
	[BILDPR=1]	-,478	,409	1,368	1	,242
	[BILDPR=2]	,274	,328	,699	1	,403
	[BILDPR=3]	0[a]	.	.	0	.

Verknüpfungsfunktion: Log-Log komplementär.

a. Dieser Parameter wird auf Null gesetzt, weil er redundant ist.

Tabelle 39: Ausgabe der Parameterschätzer der Modelluntersuchung für das Geschlecht weiblich

Wie die Tabelle 39 zeigt, ergibt sich auch für die Frauen in der Untersuchung ein signifikanter positiver Effekt für das Item f084700 (Bewertung der Arbeitsplatzsicherheit). Eine bessere Einschätzung der Arbeitsplatzsicherheit bewirkt also auch hier, dass die angenommene zukünftige Kontrolle über das eigene Leben besser bewertet wird. Auch der Einfluss der Bewertung des Haushaltseinkommens (f100200) auf die abhängige Variable ***Kontr*** stellt sich als signifikant heraus. Für die Frauen scheint also genau wie bei den Männern die materielle Sicherheit eine wichtige Rolle im Rahmen ihrer Zukunftswahrnehmungen zu spielen, wobei sich erneut die Variable ***EKr*** nicht gegen den Zufall absichern lässt. Gleiches gilt für den Bildungsabschluss (***BildPr***) und das Einkommen des Partners (***EKPr***). Auch diese sind hochgradig insignifikant, so dass sich die Frage stellt, ob diese beiden Variablen für die Frauen überhaupt von Bedeutung sind, so wie es am Anfang der Analyse vermutet wurde. Hier zeigt ein Vergleich der Varianzaufklärung, dass sich die Erklärungskraft der Modells deutlich verschlechtern würde, wenn diese beiden Variablen aus der Analyse genommen würden (vgl. Tabelle 40 Anhang). Obwohl die Effekte also nicht signifikant sind und daher nicht interpretiert werden sollten, ist es trotzdem sinnvoll, sie in der Analyse zu berücksichtigen.

Wie bei den Männern lassen sich die Variablen ***Bildr*** und ***OstWest*** nicht gegen den Zufall absichern. Ein interessanter und noch gerade signifikanter Effekt ist jedoch diesmal für die Lebensform der befragten Frauen festzustellen. Wie der Schätzer der Variable ***Lebforr(1)*** zeigt, verstärkt die Lebensform Ehe die Tendenz, die Zukunft als weniger kontrollierbar anzusehen (vgl. Tabelle 39). Es ergibt sich somit ein genau gegenteiliger Effekt, als er vermutet wurde (vgl. 4.2.4). Dieser könnte jedoch darauf zurückgeführt werden, dass sich in der Variable ***Kontr*** die Zukunftswahrnehmungen verschiedener Lebensbereiche mischen. So mag eine Ehe, wie es im Abschnitt 2.5.4 vermutet wurde, vielleicht die Unsicherheit im Lebensbereich Familie verringern, doch könnte dieser Effekt durch Folgen in anderen Lebensbereichen (z.B. Arbeit und Finanzen), in denen die Frauen ein gewisses Maß an Eigenständigkeit durch die Ehe verlieren würden, wieder aufgehoben werden. Ob dies zutrifft, ließe sich am ehesten im Rahmen der Betrachtung des Einflusses der Lebensform auf die Timingintention der ersten Elternschaft einer Person klären. Wenn die oben dargestellte Vermutung zuträfe, müsste die Lebensform einen positiven Effekt auf die Timingintention der ersten Elternschaft besitzen. Dem soll im Rahmen der Überprüfung der Hypothese **H 5** genauer nachgegangen werden (vgl. 5.5).

Auch wenn nicht allen Elemente ein signifikanter Einfluss auf die abhängige Variable ***Kontr*** nachgewiesen werden konnte, hat sich doch gezeigt, dass die *Elemente biographischer Sicherheit* im Modellzusammenhang bei beiden Geschlechtern einen guten Teil der Varianz der abhängigen Variable ***Kontr*** erklären (ca. 19% für die Männer und ca. 28% für die Frauen). Zudem konnte gezeigt werden, dass bei den Geschlechtern vor allem die wahrgenommenen materiellen Rahmenbedingen die Wahrnehmung der Zukunft bestimmen, wie die Signifikanzen der Bewertung der Arbeitsplatzsicherheit und der des Haushaltseinkommens zeigen. Insgesamt bestätigt sich somit die erste Hypothese der Untersuchung in weiten Teilen.

5.2 Die wahrgenommenen Unsicherheit und die Timingintention der ersten Elternschaft einer Person

In der ersten Hypothesenüberprüfung der Untersuchung konnte manchen *Elementen biographischer Sicherheit* ein signifikanter Einfluss auf die wahrgenommene Unsicherheit einer Person nachgewiesen werden. Die Frage, die sich nun stellt, ist, ob sich über die wahrgenommene Unsicherheit einer befragten Person auch die Timingintention bezüglich der ersten Elternschaft erklären lässt. Wäre dies der Fall, könnte die allgemeine Fragestellung der Untersuchung bereits an dieser Stelle in Teilen beantwortet werden. Um die Abhängigkeit der ersten Elternschaft von der wahrgenommenen Unsicherheit einer Person zu untersuchen, soll die zweite Hypothese der Arbeit überprüft werden.

H 2: Je geringer die wahrgenommene Unsicherheit einer Person ist, desto früher wird eine erste Elternschaft angestrebt.

Dazu wird erneut die Nullhypothese gebildet:

Nullhypothese: Die Timingintention einer ersten Elternschaft wird nicht von der wahrgenommenen Unsicherheit einer Person beeinflusst.

Die abhängige Variable stellt im Rahmen dieser Hypothesenüberprüfung die Variable ***PLK*** dar. Sie wird als ordinalskaliert angenommen. Als unabhängige erklärende Variable dient die Variable ***Kontr***, die ebenfalls ordinalskaliert ist. Aufgrund des Messniveaus beider Variablen wird zur Überprüfung des

Zusammenhangs eine Korrelationsanalyse unter Verwendung des Rangkorrelationskoeffizienten Spearman-Rho durchgeführt. Da die Ursprungshypothese gerichtet ist, d.h. von einem bestimmten Zusammenhangsverlauf ausgegangen wird, wird der Signifikanztest einseitig durchgeführt (vgl. Gehring & Weins 2004: 228, 236). Das Signifikanzniveau wird dabei auf 5% festgelegt. Die Analyse findet getrennt für beide Geschlechter statt.

Im Rahmen der univariaten Analyse der Untersuchung wurde bereits eine kurze Überprüfung des Zusammenhangs der Variablen ***PLK*** und ***Kontr*** vorgenommen (vgl. 4.4). Dabei ergab sich ein schwacher signifikanter Zusammenhang beider Variablen (vgl. Tabelle 13). Betrachtet man diesen Zusammenhang nun nach Geschlechtern getrennt, zeigt sich, dass sich nur für die Männer eine signifikante Korrelation ergibt (vgl. Tabelle 41).

Korrelationen

Geschlecht B				Timingintention Kind	ang. zukünftige Kontrolle
Männlich	Spearman-Rho	Timingintention Kind	Korrelationskoeffizient	1,000	,102*
			Sig. (1-seitig)	.	,032
			N	334	334
		ang. zukünftige Kontrolle	Korrelationskoeffizient	,102*	1,000
			Sig. (1-seitig)	,032	.
			N	334	423
Weiblich	Spearman-Rho	Timingintention Kind	Korrelationskoeffizient	1,000	,069
			Sig. (1-seitig)	.	,123
			N	285	285
		ang. zukünftige Kontrolle	Korrelationskoeffizient	,069	1,000
			Sig. (1-seitig)	,123	.
			N	285	337

*. Die Korrelation ist auf dem 0,05 Niveau signifikant (einseitig).

Tabelle 41: Korrelation nach Spearman der Variablen *PLK* und *Kontr* getrennt nach Geschlecht

Nur für die männlichen befragten Personen lässt sich ein schwacher signifikanter Zusammenhang zwischen der Timingintention der ersten Elternschaft und der wahrgenommenen Unsicherheit nachweisen und somit die zweite Hypothese bestätigen. Für die weiblichen befragten Personen spielt hingegen die wahrgenommene Unsicherheit, wie die fehlenden Signifikanzen zeigen, keine Rolle. Eine konkrete Erklärung hierfür ist an dieser Stelle noch nicht möglich, da die endgültige Bedeutung der wahrgenommenen Unsicherheit für die Timingintention der ersten Elternschaft noch nicht abschließend geklärt ist. Denn überprüft wurde bisher nur der direkte Zusammenhang der Variablen ***PLK*** und ***Kontr***. Um nun die tatsächliche Bedeutung der wahrgenommenen Unsicherheit klären zu können, müssen auch die im Untersuchungsmodell der Arbeit theoretisch hergeleiteten indirekten Effekte der wahrgenommenen Unsicherheit auf die Vorstellung, wann eine erste Elternschaft in Angriff genommen wird, empirisch überprüft werden (vgl. 3.2.2). Vor allem über die wahrgenommenen Opportunitätskosten, welche die Einstellung zur Elternschaft einer Person maßgeblich bestimmen sollen, als auch über die Bewertung der Einstellung des Netzwerks zu einer Elternschaft soll die wahrgenommene Unsicherheit sich auf die Timingintention einer Person bezüglich der Umsetzung der ersten Elternschaft auswirken können (vgl. 3.2.2). Ob solche Effekte tatsächlich bestehen, soll mittels der Hypothesen **H 3.1**, **H 3.2** und **H 4** überprüft werden (vgl. 5.3 und 5.4). In diesem Zusammenhang ließe sich dann klären, ob für Frauen für ihre Timingintention diese indirekten Effekte der wahrgenommenen Unsicherheit eher von Bedeutung sind.

5.3 Die wahrgenommene Unsicherheit und ihre Folgen für die Einstellung zur Elternschaft

Wie im vorherigen Abschnitt der Untersuchung dargestellt wurde, gilt es nun die möglichen indirekten Effekte der wahrgenommenen Unsicherheit aufzudecken, die sich später im Modellzusammenhang auf die Timingintention der ersten Elternschaft einer befragten Person auswirken könnten. Ein erster zu überprüfender möglicher Effekt ist der Einfluss der wahrgenommenen Unsicherheit einer Person auf die von ihr wahrgenommenen Opportunitätskosten einer ersten Elternschaft. Dahinter steht der Gedanke, dass mit zunehmender Verunsicherung über die Zukunft die möglichen Opportunitätskosten einer ersten Elternschaft stärker wahrgenommen bzw. negativer bewertet werden, da sie in ihrem Auftreten schlechter einzuschätzen oder vorherzusehen sind (vgl. 3.2.2). Dies soll sich wiederum auf die Nutzenbewertung von Kindern und schließlich auf die Timingintention der ersten Elternschaft auswirken können (vgl. 3.2.2). Um diesen vermuteten Zusammenhang nachzuweisen, muss zunächst überprüft werden, ob und wie die wahrgenommene Unsicherheit die wahrgenommenen Opportunitätskosten einer ersten Elternschaft beeinflusst. Dies soll mittels der Überprüfung der Hypothese **H 3.1** geschehen.

H 3.1: Je größer die wahrgenommene Unsicherheit ist, d.h. je geringer die angenommene zukünftige Kontrolle einer Person ist, umso stärker werden die Opportunitätskosten einer ersten Elternschaft wahrgenommen.

Zur Überprüfung der Hypothese wird auch hier zunächst die Nullhypothese gebildet:

Nullhypothese: Die wahrgenommenen Opportunitätskosten einer Elternschaft werden nicht durch die wahrgenommene Unsicherheit einer Person beeinflusst.

Da die abhängige Variable ***OppK*** intervallskaliert und die unabhängige Variable ***Kontr*** ordinalskaliert ist, wird zur Analyse des Zusammenhangs beider Variablen der Rangkorrelationskoeffizient Spearman-Rho ausgegeben. Auch in diesem Fall wird, da die Hypothese **H 3.1** gerichtet ist, der Signifikanztest einseitig durchgeführt und das Signifikanzniveau auf 5% festgelegt.

Korrelationen

Geschlecht B				ang. zukünftige Kontrolle	wahrg. Opportunitäts -kosten
Männlich	Spearman-Rho	ang. zukünftige Kontrolle	Korrelationskoeffizient	1,000	-,077
			Sig. (1-seitig)	.	,063
			N	423	402
		wahrg. Opportunitätskosten	Korrelationskoeffizient	-,077	1,000
			Sig. (1-seitig)	,063	.
			N	402	402
Weiblich	Spearman-Rho	ang. zukünftige Kontrolle	Korrelationskoeffizient	1,000	-,106*
			Sig. (1-seitig)	.	,028
			N	337	325
		wahrg. Opportunitätskosten	Korrelationskoeffizient	-,106*	1,000
			Sig. (1-seitig)	,028	.
			N	325	325

*. Die Korrelation ist auf dem 0,05 Niveau signifikant (einseitig).

Tabelle 42: Korrelation nach Spearman der Variablen *Kontr* und *OppK* getrennt nach Geschlecht

Die Tabelle 42 gibt die Ergebnisse der Korrelation für beide Geschlechter wieder. Es zeigt sich dabei ein überraschendes Ergebnis: In beiden Fällen korrelieren die

Variablen schwach negativ miteinander, was zumindest die Richtung der ursprünglichen Hypothese **H 3.1** eindeutig bestätigt. Mit einer Irrtumswahrscheinlichkeit von 2,8% ergibt sich jedoch diesmal nur für die weiblichen befragten Personen ein signifikanter Zusammenhang, der die Nullhypothese widerlegen kann. Für die Männer in der Stichprobe lässt sich der Zusammenhang der beiden Variablen ***Kontr*** und ***OppK*** nur noch als tendenziell signifikant beschreiben. Warum gerade für die Männer die Wahrnehmung der Unsicherheit der Zukunft keine so entscheidende Rolle in Bezug auf die Wahrnehmung der Opportunitätskosten von Kindern spielt wie bei den Frauen, ließe sich vielleicht damit erklären, dass sich für sie keine so weitreichenden Konsequenzen für ihren weiteren Lebensweg ergeben, wie es bei den Frauen der Fall ist. Sie verbleiben zumeist nach einer Elternschaft im Berufsleben und verlieren daher nicht so schnell an Lebenslaufoptionen (vgl. Kreyenfeld 2002: 18-22). Die Männer können also im Normalfall ihren Lebensweg weiterverfolgen und brauchen sich vielleicht deshalb weniger Sorgen über die Folgen einer Elternschaft für ihre Zukunft zu machen.

An dieser Stelle gilt es noch die Abhängigkeit der Nutzenbewertung von Kindern von den wahrgenommenen Opportunitätskosten einer Elternschaft nachzuweisen (vgl. 3.2.2 und 3.3). Bereits in der univariaten Analyse der Untersuchung konnte anhand eines Streudiagramms ein deutlicher negativer Zusammenhang der Variablen ***Oppk*** und ***Nutzen*** ausgemacht werden (vgl. Abb. 30). Ob dieser Zusammenhang sich statistisch gegen den Zufall absichern lässt, soll mittels der Hypothese **H 3.2** überprüft werden. Die Hypothese **H 3.2** lautet:

H 3.2: Je größer die wahrgenommenen Opportunitätskosten sind, umso negativer ist die Nutzenbewertung von Kindern.

Um den Zusammenhang beider Variablen überprüfen zu können, wird nach dem Falsifikationsprinzip erneut die Nullhypothese gebildet:

Nullhypothese: Die wahrgenommenen Opportunitätskosten haben keinen Einfluss auf die Nutzenbewertung von Kindern.

Da beide Variablen (***Oppk*** und ***Nutzen***) metrisches Messniveau aufweisen, wird eine Korrelationsanalyse mittels des Korrelationskoeffizienten Spearman-Rho gerechnet. Da die Ursprungshypothese **H 3.2** gerichtet ist, wird der Signifikanztest dabei einseitig durchgeführt. Das Signifikanzniveau wird auch für diesen Test auf 5% festgelegt.

Korrelationen

Geschlecht B				wahrg. Opportunitätskosten	Nutzen Kinder
Männlich	Spearman-Rho	wahrg. Opportunitätskosten	Korrelationskoeffizient	1,000	-,435**
			Sig. (1-seitig)	.	,000
			N	444	422
		Nutzen Kinder	Korrelationskoeffizient	-,435**	1,000
			Sig. (1-seitig)	,000	.
			N	422	439
Weiblich	Spearman-Rho	wahrg. Opportunitätskosten	Korrelationskoeffizient	1,000	-,396**
			Sig. (1-seitig)	.	,000
			N	351	337
		Nutzen Kinder	Korrelationskoeffizient	-,396**	1,000
			Sig. (1-seitig)	,000	.
			N	337	352

**. Die Korrelation ist auf dem 0,01 Niveau signifikant (einseitig).

Tabelle 43: Korrelation nach Spearman der Variablen *OppK* und *Nutzen* getrennt nach Geschlecht

Wie der Korrelationskoeffizient zeigt, ergibt sich sowohl für die Frauen als auch für die Männer ein mittlerer Zusammenhang beider Variablen (vgl. Tabelle 43). Diese korrelieren dabei auf 1%igem Signifikanzniveau negativ miteinander[80]. Die Nullhypothese muss damit abgelehnt werden. Es bestätigt sich also für beide Geschlechter, dass der Nutzen von Kindern umso geringer bewertet wird, je stärker die Opportunitätskosten einer ersten Elternschaft wahrgenommen werden.

Fasst man nun die Ergebnisse durchgeführten Hypothesenüberprüfungen zusammen, lässt sich für beide Geschlechter mehr oder weniger signifikant ein indirekter Einfluss der wahrgenommenen Unsicherheit auf die Einstellung bezüglich des Nutzens von Kindern ableiten. Was jetzt noch zur abschließenden Klärung der Frage nach der Bedeutung der wahrgenommenen Unsicherheit für die Timingintention von Frauen bezüglich der ersten Elternschaft fehlt, ist der

[80] Dass der Korrelationskoeffizient für die Männer in der Analyse etwas höher liegt, könnte ein Hinweis darauf sein, dass die Männer den Kosten-Nutzen-Aspekt von Kindern stärker kalkulieren / höher gewichten. Wäre diese Annahme korrekt, müsste sich bei den Männern in der Modellüberprüfung der Hypothese H 5 ein stärkerer Effekt der Einstellung zu Kindern ergeben, als es bei den Frauen der Fall ist.

empirische Nachweis, dass diese tatsächlich auch von der Nutzenbewertung von Kindern abhängig ist. Dieser Nachweis soll im Rahmen der im Abschnitt 5.5 durchgeführten Modelluntersuchung erbracht werden. Zuvor gilt es jedoch im Rahmen der Hypothese **H 4** zu klären, inwieweit weitere indirekte Effekte der wahrgenommenen Unsicherheit auf die Timingintention einer ersten Elternschaft bestehen.

5.4 Die Bedeutung der wahrgenommenen Unsicherheit für den Einfluss des sozialen Netzwerks

Im Rahmen der univariaten Analyse konnte bereits gezeigt werden, dass ein signifikanter negativer Zusammenhang zwischen den Variablen ***Enetz*** und ***PLK*** besteht (vgl. 4.11). Über diesen Zusammenhang soll sich die wahrgenommene Unsicherheit einer Person indirekt auf die Timingintention bezüglich einer ersten Elternschaft auswirken können, indem sie den Zusammenhang der beiden Variablen verstärkt. Denn gerade in unsicheren Zeiten soll das umgebende soziale Netzwerk den Akteuren als Element biographischer Sicherheit dienen, indem es ihnen als Orientierung für ihre Verhaltensweisen dient (vgl. 2.5.5). So jedenfalls wurde es im Rahmen der Hypothese **H 4** formuliert:

H 4: Je größer die wahrgenommene Unsicherheit einer Person ist, umso stärker ist der Einfluss der subjektiven Norm auf die Intention einer ersten Elternschaft.

Bevor mit der Überprüfung der Hypothese begonnen wird, soll der Einfluss der angenommenen Einstellung des sozialen Netzwerks auf die Timingintention einer ersten Elternschaft einer Person ein weiteres Mal, allerdings getrennt für beide Geschlechter, nachgewiesen werden, um mögliche geschlechtsspezifische Zusammenhänge aufzudecken. Dies geschieht mittels einer Korrelationsanalyse der Variablen ***PLK*** und ***Enetz***. Die Variable ***PLK*** stellt erneut die abhängige Variable dar und ***Enetz*** fließt als unabhängige Variable in die Analyse ein. Da zumindest die Variable ***PLK*** ordinalskaliert ist, wird der Korrelationskoeffizient Spearman-Rho als Maß des Zusammenhangs ausgegeben.

Wie Tabelle 44 zeigt, lässt sich der in der univariaten Analyse gefundene Zusammenhang für beide Geschlechter bestätigen und mit einer Irrtumswahrscheinlichkeit von 1% gegen den Zufall absichern. Je negativer dabei eine Elternschaft von dem umgebenden sozialen Netzwerk einer Person bewertet wird, umso später wird eine Elternschaft sowohl von den Männern als auch von den Frauen in der Stichprobe angestrebt.

Korrelationen

Geschlecht B				Timingintention Kind	Einstellung Netzwerk
Männlich	Spearman-Rho	Timingintention Kind	Korrelationskoeffizient	1,000	-,462**
			Sig. (1-seitig)	.	,000
			N	367	306
		Einstellung Netzwerk	Korrelationskoeffizient	-,462**	1,000
			Sig. (1-seitig)	,000	.
			N	306	373
Weiblich	Spearman-Rho	Timingintention Kind	Korrelationskoeffizient	1,000	-,501**
			Sig. (1-seitig)	.	,000
			N	312	276
		Einstellung Netzwerk	Korrelationskoeffizient	-,501**	1,000
			Sig. (1-seitig)	,000	.
			N	276	317

**. Die Korrelation ist auf dem 0,01 Niveau signifikant (einseitig).

Tabelle 44: Korrelation nach Spearman der Variablen *PLK* und *Enetz* getrennt nach Geschlecht

Die Frage, die sich nun stellt, ist, ob sich die Stärke des Zusammenhangs mit dem Grad an Unsicherheit, den eine Person aufweist, verändert, wie es in der Hypothese **H 4** angenommen wurde. Eine Methode, diese Hypothese zu überprüfen, ist die erneute Durchführung der Analyse des Zusammenhangs der Variablen ***PLK*** und ***Enetz***, diesmal jedoch aufgeteilt nach der wahrgenommenen Unsicherheit der Akteure. Bevor dies geschieht, wird die Variable ***Kontr***, zur besseren Interpretation der Ergebnisse, trichotom zusammengefasst (vgl. Syn. 38 Anhang II) sowie die zu widerlegende Nullhypothese gebildet:

Nullhypothese: Die wahrgenommene Unsicherheit einer Person hat keinen Einfluss auf den Effekt der subjektiven Norm auf die Timingintention der ersten Elternschaft.

Da beide Variablen (***PLK*** und ***Enetz***) ordinales Messniveau aufweisen, wird der Zusammenhang beider Variablen mittels des Rangkorrelationskoeffizienten Spearman-Rho ausgegeben. Da die Ursprungshypothese gerichtet ist, findet der Signifikanztest einseitig statt, das Signifikanzniveau wird dabei auf 5% festgelegt.

Korrelationen

ang. zukünftige Kontrolle			Timingintention Kind
niedrig	Spearman-Rho	Einstellung Netzwerk	-,543**
			,000
			88
mittel	Spearman-Rho	Einstellung Netzwerk	-,454**
			,000
			154
hoch	Spearman-Rho	Einstellung Netzwerk	-,461**
			,000
			298

**. Die Korrelation ist auf dem 0,01 Niveau signifikant (einseitig).

Tabelle 45: Korrelation nach Spearman der Variablen *PLK* und *Enetz* aufgeteilt nach der Variable *Kontr3*

Betrachtet man den Zusammenhang der Variablen ***PLK*** und ***Enetz*** aufgeteilt nach der neuen Variable ***Kontr3***, lassen sich für alle unterschiedenen Gruppen auch weiterhin hoch signifikante und vor allem negative Korrelationen finden (vgl. Tabelle 45). In Bezug auf die Stärke des Zusammenhangs ist dabei zu erkennen, dass dieser im Falle der Personen, die über eine niedrige angenommene zukünftige Kontrolle verfügen, deutlich höher ist. Für Personen, die über eine hohe Unsicherheit verfügen, nimmt also die Bedeutung der Einstellung des sie umgebenden sozialen Netzwerks zu Kindern als Kriterium ihrer Timingintentionen einer ersten Elternschaft zu. Im Falle von Unsicherheiten wirkt das umgebende soziale Netzwerk eines Akteurs also tatsächlich im Sinne eines Elements biographischer Sicherheit, an dem die Akteure ihr Verhalten (zumindest zum Teil) orientieren.

Dies gilt jedoch nicht für beide Geschlechter in gleichem Maße, wie eine genauere Betrachtung des Rangkorrelationskoeffizienten zeigt. Teilt man diesen nicht nur nach der Variablen ***Kontr3***, sondern auch nach dem Geschlecht der befragten Personen auf, so zeigt sich, dass der oben dargestellte Zusammenhang nur für die Frauen in der Untersuchung gilt (vgl. Tabelle 46 Anhang). Für sie nimmt mit jeder

Gruppe die Stärke des Rangkorrelationskoeffizienten deutlich zu. Für die Männer in der Untersuchung hingegen ist ein gegenteiliger Effekt zu beobachten. Die Stärke des Zusammenhangs nimmt bei ihnen mit den Gruppen leicht ab und wird für die Gruppe ‚niedrig' sogar insignifikant. Die Nullhypothese muss damit zwar für beide Geschlechter abgelehnt werden, doch lässt sich der in der Hypothese **H 4** formulierte Zusammenhang nur für die Frauen in der Untersuchung bestätigen. Warum dies der Fall ist, könnte vielleicht damit begründet werden, dass Frauen allgemein eher affiliatives Verhalten zeigen und sich dementsprechend auch in unsicheren Situationen eher an den Vorgaben ihres umgebenden sozialen Netzwerks orientieren (vgl. Forgas 1999: 183; 188-189).

5.5 Die Timingintention der ersten Elternschaft im Rahmen des Untersuchungsmodells

An dieser Stelle muss immer noch der abschließende Nachweis erbracht werden, dass die Timingintention einer ersten Elternschaft tatsächlich von der Einstellung zu Kindern, der subjektiven Norm und der wahrgenommenen Verhaltenskontrolle einer Person abhängig ist. Zwar konnten einzelne Abhängigkeiten in der univariaten Analyse und während der Hypothesenüberprüfungen aufgedeckt werden (vgl. 4.9; 4.11; 5.2), aber eine Überprüfung der Zusammenhänge im Rahmen des Untersuchungsmodells fand bisher noch nicht statt. Dies muss nachgeholt werden, um zum einen die komplexen Zusammenhänge richtig zu erfassen und um zum anderen abschließend zu klären, ob die vermuteten indirekten Einflüsse der wahrgenommenen Unsicherheit auf die Timingintention der ersten Elternschaft tatsächlich bestehen. Dies soll mittels der Überprüfung der Hypothese **H 5** der Untersuchung, die im Rahmen des im Abschnitt 3.2.2 dargestellten Untersuchungsmodells für beide Geschlechter getrennt gerechnet wird, geschehen.

H 5: Die Timingintention einer ersten Elternschaft ist abhängig von der wahrgenommenen Verhaltenskontrolle, der subjektiven Norm und der Einstellung einer Person bezüglich des Nutzens von Kindern.

Bevor mit der Analyse fortgesetzt wird, wird auch hier die Nullhypothese gebildet:

Nullhypothese: Die wahrgenommene Verhaltenskontrolle, die subjektive Norm und die Einstellung einer Person zu Kindern hat keinen Einfluss auf die Timingintention einer Person bezüglich der ersten Elternschaft.

Da die abhängige Variable ***PLK*** ordinalskaliert ist, wird zur Überprüfung der Hypothese **H 5** die ordinale Regression als statistisches Verfahren angewandt. Neben den beiden unabhängigen Variablen ***Nutzen*** und ***Enetz*** fließen die Variablen ***EKr***, ***Bildr, BildPr*** und ***Lebfor*** sowie die Items f084700 und f100200 als auch die wahrgenommene Unsicherheit (***Kontr3r***)[81] als Indikatoren für die wahrgenommene Verhaltenskontrolle einer Person in die Analyse mit ein (vgl. 3.2.2). Die Variable ***EKP*** wird in der Analyse nicht berücksichtigt, da aufgrund von zu geringen Fallzahlen das Risiko verzerrter Ergebnisse bestände[82]. Dies gilt auch für die Ausprägungen ‚kein Einkommen' und ‚ab 3.000 Euro' der Variable ***EKr***, die ebenfalls so gering besetzt sind, dass sie an dieser Stelle wie fehlende Werte behandelt werden[83]. Wie im Rahmen der ersten Hypothesenüberprüfung sollen neben den bisher genannten Variablen noch die Variablen ***Alter3r*** und ***OstWest*** als Kontrollvariablen berücksichtigt werden.

Während die Variablen ***EKr***, ***Bildr***, ***BildPr***, ***Lebfor***, ***Ostwest*** und ***Alter3r*** als Faktoren eingebracht werden, gehen die Variablen ***Nutzen*** und ***Enetz*** sowie die Items f084700 und f100200 als Kovariaten in die Analyse ein. Als Funktion zur Verknüpfung der abhängigen Variable mit den unabhängigen Variablen wird die Complementary-log-log-Funktion verwendet, da die höheren Kategorien der abhängigen Variable deutlich stärker besetzt sind (vgl. Tabelle 48 Anhang). Zur Analyse des Einflusses der unabhängigen Variablen auf die abhängige Variable wird erneut die Wald-Statistik als Teststatistik angenommen und ein Signifikanzniveau von 5% festgelegt. Insgesamt gehen in die Untersuchung 124 Männer und 122 Frauen ein. Die Fallzahlen der einzelnen im Modell integrierten Variablen können der Tabelle 48 im Anhang entnommen werden.

---

[81] Die Variable ***Kontr3*** wurde in ihrer Fragerichtung gedreht, um die Ergebnisse der Analyse besser interpretieren zu können (vgl. Syn. 39 Anhang II).

[82] So würden unter Berücksichtigung der Variable ***EKPr*** insgesamt nur 58 Fälle für die Männer und 83 Fälle für die Frauen in die Analyse eingehen, die zudem noch im weiter in Gruppen unterteilt werden müssten (vgl. Tabelle 47 Anhang).

[83] Für die Ausprägung ‚kein Einkommen' würde z.B. nur ein Fall in der Analyse berücksichtigt!

Auch im Rahmen dieser ordinalen Regression werden zwei Modelle – eines, in das erneut nur ein konstanter Term der abhängigen Variable einfließt, und ein weiteres, in dem die unabhängigen erklärenden Variablen als Faktoren berücksichtigt werden – geschätzt und gegenübergestellt (Bühl & Zöfel 2002: 374). Wie der negative 2LL-Wert ausgibt, bringen auch dieses Mal die unabhängigen Variablen eine eindeutige und vor allem signifikante Modellverbesserung für beide Geschlechter (vgl. Tabelle 49).

Information zur Modellanpassung

Geschlecht B	Modell	-2 Log-Likelihood	Chi-Quadrat	Freiheits-grade	Sig.
Männlich	Nur konstanter Term	250,094			
	Final	180,731	69,364	16	,000
Weiblich	Nur konstanter Term	235,572			
	Final	151,196	84,376	16	,000

Verknüpfungsfunktion: Log-Log komplementär.

Tabelle 49: Darstellung der Modellanpassung getrennt nach Geschlecht der befragten Personen

In Bezug auf die Anpassungsgüte des Modells, zeigt der Chi²-Test, dass sich die im Modell geschätzten und die beobachteten Häufigkeiten für die Männer nicht signifikant unterscheiden (vgl. Tabelle 50). Anders sieht es jedoch bei den Frauen aus. Hier muss die Nullhypothese beibehalten werden, so dass die Anpassungsgüte des Modells für die Frauen zweifelhaft ist.

Anpassungsgüte

Geschlecht B		Chi-Quadrat	Freiheits-grade	Sig.
Männlich	Pearson	232,091	230	,449
	Abweichung	180,731	230	,993
Weiblich	Pearson	296,074	226	,001
	Abweichung	151,196	226	1,000

Verknüpfungsfunktion: Log-Log komplementär.

Tabelle 50: Anpassungsgüte des Modells getrennt nach Geschlecht der befragten Personen

Jedoch ist der Test zur Anpassungsgüte des Modells für beide Geschlechter nicht aussagekräftig, da er aufgrund der in die Analyse eingegangenen Zellen mit Null-Häufigkeiten erneut als wenig verlässlich anzusehen ist (vgl. Abb. 38).

Warnungen

In der aufgeteilten Datei Geschlecht B = Männlich gibt es 248 (66,7%) Zellen (also Niveaus der abhängigen Variablen über Kombinationen von Werten der Einflußvariablen) mit Null-Häufigkeiten.
In der aufgeteilten Datei Geschlecht B = Weiblich gibt es 244 (66,7%) Zellen (also Niveaus der abhängigen Variablen über Kombinationen von Werten der Einflußvariablen) mit Null-Häufigkeiten.

Abb. 38: Ausgabe der Warnungen zur Modelluntersuchung für beide Geschlechter

Zur besseren Einschätzung der Güte des Modells wird daher die durch die ordinale Regression erzielte Varianzaufklärung der abhängigen Variable ***PLK*** betrachtet. Wie das Preudo-R² Nagelkerkes dabei ausgibt, lassen sich durch die unabhängigen Variablen für die Männer 49,4% und für die Frauen sogar 58,4% der Varianz der abhängigen Variable erklären (vgl. Tabelle 51). Die Güte des Modells lässt sich dement-sprechend auch hier als ziemlich gut bestätigen, da solch hohe Werte nur äußerst selten erreicht werden (vgl. Diaz-Bone 2006: 244-245).

Pseudo R-Quadrat

Männlich	Cox und Snell	,428
	Nagelkerke	,494
	McFadden	,277
Weiblich	Cox und Snell	,499
	Nagelkerke	,584
	McFadden	,358

Verknüpfungsfunktion: Log-Log komplementär.

Tabelle 51: Ausgabe zum erzielten Pseudo-R-Quadrat in der Modelluntersuchung

Welche Variablen nun im Modellzusammenhang einen signifikanten Einfluss auf die Timingintention einer ersten Elternschaft ausüben, zeigt die Tabelle 52. Betrachtet man zunächst die Parameterschätzer für die männlichen Personen in der Stich-probe, so sticht besonders die Nutzenbewertung von Kindern (***Nutzen***) als signifikante Einflussvariable hervor. Wie der Lageschätzer dabei zeigt, steigt mit der Nutzenbewertung von Kindern die Zustimmung zu einer höheren Antwortkategorie der abhängigen Variable deutlich an. Je größer also der Nutzen von Kindern bewertet wird, umso mehr stimmen die Befragten zu, eine Elternschaft eher umsetzen zu wollen. Auch die Variable ***Enetz*** erweist sich in ihrem Einfluss auf die Timingintention einer ersten Elternschaft als signifikant. Diesmal ist der Schätzer negativ und wirkt damit im Sinne einer niedrigeren

Antwortkategorie der abhängigen Variable (vgl. Tabelle 52 S.100). Je mehr also eine negative Reaktion des umgebenden sozialen Netzwerks bezüglich einer ersten Elternschaft erwartet wird, umso später wird diese angestrebt bzw. umso eher wird keiner Elternschaft mehr zugestimmt. Dieses Ergebnis untermauert die Forschungen von Bernardi (2006), wonach Personen eines sozialen Netzwerkes dazu tendieren, ihre Timingentscheidungen im Lebenslauf zu synchronisieren (vgl. Bernardi et al. 2006: 360). Festzuhalten ist also, dass sowohl die Einstellung zu Kindern als auch die subjektive Norm einen Einfluss auf die Timingintention der ersten Elternschaft der Männer hat.

Wie sieht es an dieser Stelle nun mit der wahrgenommenen Verhaltenskontrolle aus? Diese wird, wie am Anfang der Analyse erläutert wurde, durch die wahrgenommene Unsicherheit einer Person und durch verschiedene *Elemente biographischer Sicherheit* abgebildet. Eines der verwendeten *Elemente biographischer Sicherheit*, das auch die aktuellen Umsetzungschancen eines Verhaltens beeinflussen kann, ist die Bewertung der Arbeitsplatzsicherheit (f084700).

Wie die Tabelle 52 zeigt, lässt sich für die Bewertung der Arbeitsplatzsicherheit ein signifikanter Einfluss auf die Variable ***PLK*** feststellen. Dieser ist jedoch, wie der Lageschätzer ausgibt, überraschenderweise negativ. Mit der Zunahme der Bewertung des Arbeitsplatzes als sicher nimmt die Zustimmung, eine Elternschaft in den nächsten drei Jahren umzusetzen, also ab. Dieses Ergebnis überrascht, da eigentlich ein gegenteiliger Effekt angenommen wurde (vgl. 2.5.1). Vielleicht könnte dieser Effekt dadurch erklärt werden, dass Personen, die ihren Arbeitsplatz als sicher bewerten, größere Sorgen bezüglich negativer Folgen einer Elternschaft für ihr Berufsleben haben. Eine Überprüfung dieses Zusammenhangs mittels einer Korrelation der Items f084700, f062702 und f062703, bei der die beiden letzten Items die angenommenen Opportunitätskosten einer Elternschaft für die Bereiche ‚Beschäftigungschancen‘ und ‚Finanzielle Situation‘ messen, kommt jedoch zu keinem signifikanten Ergebnis (vgl. Tabelle 53 Anhang). Eine andere Möglichkeit wäre, dass diese Personen ihr Berufsleben stärker in den Vordergrund stellen und daher eher keine Elternschaft eingehen wollen. Dieser Zusammenhang lässt sich jedoch mit dem vorliegenden Datensatz nicht überprüfen. Warum dieser Effekt bei den Männern in der Untersuchung besteht, lässt sich also zunächst nicht weiter erklären.

Parameterschätzer

Geschlecht B			Schätzer	Standard-fehler	Wald	Freiheits-grade	Sig.
Männlich	Schwelle	[PLK = 1]	1,378	1,653	,694	1	,405
		[PLK = 2]	2,562	1,662	2,376	1	,123
	Lage	ENETZ	-,398	,131	9,249	1	,002
		NUTZEN	1,232	,286	18,520	1	,000
		F084700	-,192	,073	6,975	1	,008
		F100200	,172	,170	1,023	1	,312
		[EKR=2]	,454	,402	1,275	1	,259
		[EKR=3]	0[a]	.	.	0	.
		[BILDR=1]	,900	,468	3,693	1	,055
		[BILDR=2]	,457	,396	1,334	1	,248
		[BILDR=3]	0[a]	.	.	0	.
		[BILDPR=1]	,054	,518	,011	1	,917
		[BILDPR=2]	,487	,479	1,034	1	,309
		[BILDPR=3]	0[a]	.	.	0	.
		[LEBFORR=1]	,015	,457	,001	1	,974
		[LEBFORR=2]	,350	,389	,809	1	,368
		[LEBFORR=3]	0[a]	.	.	0	.
		[KONTR3R=1]	,396	,422	,879	1	,349
		[KONTR3R=2]	-,537	,498	1,163	1	,281
		[KONTR3R=3]	0[a]	.	.	0	.
		[ALTER3R=1]	-,363	,502	,525	1	,469
		[ALTER3R=2]	,778	,414	3,527	1	,060
		[ALTER3R=3]	0[a]	.	.	0	.
		[OSTWEST=0]	-,240	,416	,334	1	,563
		[OSTWEST=1]	0[a]	.	.	0	.
Weiblich	Schwelle	[PLK = 1]	,672	1,655	,165	1	,685
		[PLK = 2]	1,823	1,661	1,204	1	,272
	Lage	ENETZ	-,661	,157	17,646	1	,000
		NUTZEN	,862	,283	9,254	1	,002
		F084700	,039	,062	,398	1	,528
		F100200	,312	,170	3,358	1	,067
		[EKR=2]	-1,069	,493	4,708	1	,030
		[EKR=3]	0[a]	.	.	0	.
		[BILDR=1]	-,644	,577	1,248	1	,264
		[BILDR=2]	-,137	,535	,066	1	,798
		[BILDR=3]	0[a]	.	.	0	.
		[BILDPR=1]	,555	,564	,967	1	,325
		[BILDPR=2]	-,153	,491	,097	1	,755
		[BILDPR=3]	0[a]	.	.	0	.
		[LEBFORR=1]	,944	,539	3,069	1	,080
		[LEBFORR=2]	,822	,426	3,715	1	,054
		[LEBFORR=3]	0[a]	.	.	0	.
		[KONTR3R=1]	-,128	,469	,075	1	,785
		[KONTR3R=2]	-,412	,525	,615	1	,433
		[KONTR3R=3]	0[a]	.	.	0	.
		[ALTER3R=1]	-1,932	,601	10,334	1	,001
		[ALTER3R=2]	,434	,448	,936	1	,333
		[ALTER3R=3]	0[a]	.	.	0	.
		[OSTWEST=0]	,563	,556	1,023	1	,312
		[OSTWEST=1]	0[a]	.	.	0	.

Verknüpfungsfunktion: Log-Log komplementär.

a. Dieser Parameter wird auf Null gesetzt, weil er redundant ist.

Tabelle 52: Ausgabe der Parameterschätzer der Modelluntersuchung getrennt für beide Geschlechter

Aber nicht nur die Arbeitsplatzsicherheit hat einen signifikanten Einfluss auf die Timingintention der befragten Personen. Auch für die Bildung lässt sich ein tendenziell signifikanter Effekt finden. Dabei wirkt, wie der Lageschätzer der Gruppe ***Bild(1)*** zeigt, eine hohe Bildung im Sinne einer höheren Antwortkategorie der abhängigen Variable. Mit dem Bildungsabschluss nimmt also auch die Zustimmung der befragten männlichen Personen zu, eine Elternschaft eher umzusetzen (vgl. Tabelle 52). Dieser Zusammenhang könnte auf die besseren Einkommenschancen zurückgeführt werden, die sich mit einer höheren Bildung für die Männer ergeben und so die Umsetzung einer ersten Elternschaft vielleicht erleichtern (vgl. 2.5.2; Klein 2003: 521; Brose 2008: 33). Denn anders als für Frauen, ergeben sich für Männer mit hoher Bildung keine höheren Opportunitätskosten, wenn eine Elternschaft umgesetzt würde, da sie im Normalfall weiter im Beruf verbleiben (vgl. 2.5.2). Daneben könnte auch ein gewisser Nachholeffekt, der sich nach der langen Ausbildungszeit ergibt, verantwortlich sein für die Zustimmung, eine Elternschaft früher umzusetzen. Denn für die Personen, die einen langen Ausbildungsweg hinter sich haben, hat sich das Zeitfenster, in dem noch eine Elternschaft umgesetzt werden kann, stark verringert[84] und sich dementsprechend der Druck, eine Elternschaft innerhalb der nächsten Zeit umzusetzen, erhöht. Ein Zusammenhang der jedoch weiter überprüft werden müsste.

Ein ähnlich positiver Effekt in Bezug auf die Timingintention ergibt sich auch für das mittlere Einkommen einer Person (***EKr(2)***) sowie für die Bewertung des Haushaltseinkommens (f100200) (vgl. Tabelle 52). Wie die positiven Schätzer zeigen, erhöht sich mit einem mittleren Einkommen bzw. mit der allgemein besseren Bewertung des Haushaltseinkommens die Zustimmung, eine Elternschaft in den nächsten drei Jahren umzusetzen. Diese Effekte lassen sich jedoch, anders als erwartet, nicht gegen den Zufall absichern.

Ebenfalls insignifikant in ihrem Einfluss auf die Timingintention der ersten Elternschaft sind die Variablen ***Lebforr***, ***BildPr*** und ***Ostwest*** (vgl. Tabelle 52). Dass die Lebensform und der Bildungsabschluss ihrer Partnerinnen in diesem Zusammenhang nicht signifikant sind, könnte darauf zurückgehen, dass für die männlichen befragten Personen keine so starke Abhängigkeit von ihren

[84] Wie Untersuchungen von Schmitt 2005 zeigen, gilt die Begrenzung der fertilen Phase auch für Männer (vgl. Schmitt 2005: 18).

Partnerinnen und damit vom Partnerschaftskontext besteht, da sie im Gegensatz zu den Frauen, wie bereits oben erwähnt, auch nach der Geburt eines Kindes weiterhin im Berufsleben verbleiben (vgl. Kreyenfeld 2002: 18). Es ist daher besonders interessant zu schauen, ob sich dementsprechend für die Frauen in der Stichprobe die Variablen, die den Partnerschaftskontext betreffen, als signifikant in ihrem Einfluss auf die abhängige Variable ***PLK*** (Timingintention der ersten Elternschaft) erweisen.

Bevor die Parameterschätzer der Frauen näher betrachtet werden, ist der Einfluss der Variable ***Kontr3r*** (zur Erfassung der biographischen Unsicherheit) zu klären. Dabei zeigt sich, dass die Gruppe der Variable ***Kontr3r*** unterschiedliche Effekte haben (vgl. Tabelle 52). Während die Zugehörigkeit zur Gruppe ***Kontr3r(2)*** – im Vergleich zur Gruppe ***Kontr3r(3)*** – deutlich im Sinne einer niedrigeren Antwortkategorie der abhängigen Variable ***PLK*** wirkt und somit die Zustimmung, eine Elternschaft aufzuschieben oder nicht mehr umzusetzen, erhöht, bewirkt die Zugehörigkeit zur Gruppe ***Kontr3r(1)*** genau das Gegenteil. Mit einer niedrigen wahrgenommenen Unsicherheit (***Kontr3r(1)***) steigt dabei die Zustimmung zu einer höheren Kategorie der abhängigen Variablen deutlich. Zusammengefasst bedeutet das, dass vor allem eine mittlere wahrgenommene Unsicherheit über die Zukunft dafür sorgen würde, dass eine Elternschaft aufgeschoben wird. Hohe, aber auch niedrige biographische Unsicherheiten würden hingegen deren Umsetzung beschleunigen. Damit hätte die wahrgenommene Unsicherheit ein wichtiger Parameter zur Erklärung der verschiedenen Verhaltensweise der Akteure im Rahmen ihrer Fertilitäts-entscheidungen sein können. Leider lassen sich die Parameterschätzer für die Variable ***Kontr3r*** jedoch nicht gegen den Zufall absichern (vgl. Tabelle 52). Der in der Überprüfung der Hypothese **H 2** für die Männer gefundene Zusammenhang der beiden Variablen ***PLK*** und ***Kontr*** lässt sich also unter Kontrolle der anderen in diesem Modell integrierten Variablen nicht reproduzieren – ein überraschendes Ergebnis, das einige Fragen aufwirft. Bevor auf diese Fragen weiter eingegangen wird, sollen die Parameterschätzer für die Frauen näher betrachtet werden.

Für die Frauen in der Stichprobe lassen sich die Parameterschätzer und deren Signifikanzen ebenfalls der Tabelle 52 entnehmen. Dabei ist festzustellen, dass erneut die Variablen ***Enetz*** (angenommene Einstellung des Netzwerks) und ***Nutzen*** (die Einstellung zum Nutzen von Kindern) einen hoch signifikanten Einfluss auf die abhängige Variable ***PLK*** (Timingintention der ersten Elternschaft) haben. So nimmt auch für die Frauen die Bereitschaft, eine Elternschaft umzusetzen, mit der Nutzenbewertung von Kindern eher zu bzw. mit einer angenommenen negativen Reaktion des umgebenden sozialen Netzwerks auf eine Elternschaft eher ab. Interessant ist dabei, dass für die Frauen das umgebende soziale Netzwerk eine größere Rolle zu spielen scheint als bei den Männern. Dies zeigt sich daran, dass der Schätzer für die Frauen deutlich stärker ausfällt. Die in der Überprüfung der Hypothese **H 4** aufgestellte Vermutung, dass Frauen sich eher affiliativ verhalten als Männer, gewinnt dadurch weiter an Substanz (vgl. 5.4).

Betrachtet man nun die Parameterschätzer der einzelnen *Elemente biographischer Sicherheit* sowie der wahrgenommenen Unsicherheit, die zusammen als Indikatoren für die wahrgenommene Verhaltenskontrolle einer Person dienen, so lassen sich einige deutliche Unterschiede zu den Männern finden:

Interessant ist zunächst der Effekt für die Zugehörigkeit zur mittleren Einkommensgruppe. Der Schätzer der Variable ***EKr(2)*** wirkt – anders als bei den Männern – signifikant im Sinne einer niedrigeren Antwortkategorie der abhängigen Variable (vgl. Tabelle 52). Dieses Ergebnis widerspricht auf den ersten Blick den von Brose (2008) gefundenen Zusammenhängen, dass Frauen erst nach der erfolgreichen „Sicherung [ihrer] ökonomischen Position“ eine Elternschaft umsetzen (Brose 2008: 48-49), ist jedoch bei näherer Betrachtung durchaus schlüssig. Denn mit dem Einkommen erhöhen sich auch die Opportunitätskosten, die sich durch eine Elternschaft für Frauen ergeben, da sie dieses Einkommen mit einer Elternschaft eher verlieren (vgl. 2.5.1). Dementsprechend könnte nicht das eigene Einkommen für die befragten Frauen zur „Sicherung [ihrer] ökonomischen Position“ von Bedeutung sein, sondern vielmehr die finanzielle Situation ihres Haushaltes. Denn der Haushalt muss die Frauen im Zweifelsfall nach Geburt des Kindes unterstützen, da sie häufig nach der Schwangerschaft aus dem Beruf ausscheiden (vgl. Brose 2008: 32; Kreyenfeld 2002: 18). Diese Annahme wird dadurch unterstützt, dass sich für die Frauen einige der Variablen, die den Partnerschaftskontext betreffen, als tendenziell signifikant in ihrem Einfluss auf die Timingintention der ersten Elternschaft erweisen. So nimmt nicht nur mit der

Bewertung des Haushaltseinkommens (f100200) die Zustimmung, eine Elternschaft eher umzusetzen, tendenziell zu, sondern auch mit der Verlässlichkeit (Institutionalisierung) der Lebensform, wie die Schätzer der Variable ***Lebforr(1)*** und ***(2)*** verdeutlichen.

Anders stellt es sich jedoch für die Bildung des Partners dar, aus der sich ökonomische Ressourcen für den Haushalt ableiten könnten. Die in verschiedenen Studien gefundenen positiven Effekte der Bildung des Partners auf die Umsetzung einer Elternschaft bei Frauen lassen sich in dieser Analyse nicht reproduzieren (vgl. 2.5.2). Die Schätzer der Variable ***BildPr*** sind nicht signifikant und sollen daher nicht weiter interpretiert werden (vgl. Tabelle 52). Dies gilt auch für die einzelnen Schätzer der Variable ***Bildr***. Diese weisen zwar interessante Effekte auf (so sind sie negativ und würden im Sinne einer niedrigen Kategorie der Variable ***PLK*** wirken, was sich womöglich auf die mit der Bildung steigenden Opportunitätskosten, die sich für Frauen bei einer Elternschaft ergeben, zurückführen ließe), doch lassen sie sich ebenfalls nicht gegen den Zufall absichern. Eine Ursache dafür, dass der Bildungsabschluss hier keinen Einfluss auf die Timingintention der ersten Elternschaft hat, könnte die Auswahl der in der Stichprobe betrachteten Personen sein. Dieser Aspekt soll in der Darstellung der Ergebnisse der Untersuchung genauer thematisiert werden (vgl. 6.3).

Des Weiteren ist festzuhalten, dass für die Frauen in der Stichprobe die Arbeitsplatzsicherheit im Rahmen ihrer Timingintention der ersten Elternschaft kaum eine Rolle zu spielen scheint. Der Schätzer geht deutlich gegen null und ist zudem hoch insignifikant (vgl. Tabelle 52).

Was die wahrgenommene Unsicherheit (***Kontr3r***) der befragten Frauen angeht, so zeigen sich wie schon bei den Männern keine signifikanten Ergebnisse. Wie die Parameterschätzer für die Ausprägungen ***Kontr3r(2)*** und ***Kontr3r(1)*** zeigen, würde diesmal sowohl eine mittlere als auch eine niedrige wahrgenommene Unsicherheit über die Zukunft eher einen Aufschub oder eine Unterlassung einer ersten Elternschaft fördern. Dazu ist jedoch anzumerken, dass der Schätzer für eine niedrige wahrgenommene Unsicherheit (***Kontr3r(1)***), obwohl er negativ ist, im Vergleich zum Schätzer ***Kontr3r(2)***, im Sinne einer höheren Kategorie der abhängigen Variable wirkt. Zusammengefasst heißt das, dass vor allem im Falle einer hohen wahrgenommenen Unsicherheit eine Elternschaft eher umgesetzt und im Falle einer mittleren wahrgenommenen Unsicherheit der eigenen Zukunft der Aufschub derselbigen gefördert würde, wenn sich der Zusammenhang als signifikant erwiesen hätte. Warum sich auch für die Frauen in der Stichprobe der Zusammenhang als nicht signifikant erweist, stellt wie schon bei den Männern ein Rätsel dar.

Eine Antwort darauf – und zwar für beide Geschlechter – könnte im Alter der befragten Personen zu finden sein. Wie die Parameterschätzer der Variable ***Alter3r*** in der Tabelle 52 zeigen, unterscheiden sich bei beiden Geschlechtern die Altersgruppen teilweise signifikant, teilweise tendenziell signifikant in Stärke und Richtung ihres Einflusses auf die Timingintention einer ersten Elternschaft. Dabei nimmt mit der Zugehörigkeit zur mittleren Altersgruppe bei beiden Geschlechtern zunächst die Zustimmung zu einer höheren Kategorie der abhängigen Variable deutlich zu. Für die Männer erweist sich dieser Effekt als tendenziell signifikant. Mit Erreichen der höheren Altersgruppe kehrt sich diese Zustimmung jedoch um und lässt sich für die Frauen als stark negativ gegen den Zufall absichern. Dieser Umschwung könnte darauf zurückgehen, dass für viele Akteure (vor allem Frauen) mit der Zugehörigkeit zur höchsten Altersgruppe eine Elternschaft keine Option mehr im Lebenslauf darstellt, da sie sich mittlerweile vielleicht an ihre Lebensumstände wie sind, gewöhnt haben.

Da die Entscheidungen und Handlungen im Lebenslauf in der Zeit geschehen (vgl. Huinink & Konietzka 2007: 51) und, wie es sich im Falle der Timingintention der ersten Elternschaft zeigt, vom Alter einer Person durchaus abhängig sind (vgl. Tabelle 52; Schmitt 2005: 18), wäre es vorstellbar, dass die wahrgenommene Unsicherheit einer Person nur bei bestimmten Altersgruppen einen signifikanten Einfluss auf die Timingintention einer ersten Elternschaft hat. Hier wäre vor allem eine Betrachtung der mittleren Altersgruppe der Variable ***Alter3r*** von Interesse, da sich gerade in diesem Alter zumeist die Frage nach der Umsetzung einer ersten Elternschaft stellt bzw. in diesem Alter die meisten Elternschaften auch umgesetzt werden (vgl. Huinink & Konietzka 2007: 83). Bei den jüngeren Personen hingegen wäre anzunehmen, dass kein wirklicher Unterschied in der Timingintention einer Elternschaft durch die wahrgenommene Unsicherheit erzielt wird, da sich diese Personen zumeist noch in der Ausbildungsphase befinden oder ihre

Berufsperspektiven noch absichern müssen (vgl. Huinink 2001: 157; Maul: 2007: 4) und sich dementsprechend eher für den Aufschub einer Elternschaft entscheiden könnten, unabhängig von ihrer wahrgenommenen Unsicherheit.

Um diese Annahmen zu überprüfen, wäre eine erneute Analyse der Hypothese **H 5**, zusätzlich unterschieden nach Altersgruppen, sinnvoll. Dabei könnten zugleich mögliche andere Effektunterschiede einzelner unabhängiger Variablen, die zwischen den Altersgruppen bestehen, aufgedeckt werden. Eine solche Analyse lässt sich jedoch mit dem vorliegenden Datensatz nicht umsetzen, da die Fallzahlen für die einzelnen Altersgruppen im Modell zu gering wären (vgl. Tabelle 48). Eine allgemeine Betrachtung der Abhängigkeit der Timingintention einer ersten Elternschaft (***PLK***) von der wahrgenommenen Unsicherheit einer Person (***Kontr3r***) in einer Korrelationsanalyse, die aufgeteilt nach den Altersgruppen der Variable ***Alter3r*** durchgeführt wird, zeigt jedoch, dass sich die getroffenen Annahmen in Teilen bestätigen (vgl. Tabelle 54 Anhang). Nur für die mittlere Altersgruppe lässt sich ein negativer signifikanter Zusammenhang für beide Variablen finden (vgl. Tabelle 54 Anhang). Inwieweit sich dieser auch im Zusammenhang des Untersuchungsmodells aufrechterhalten ließe, bleibt offen.

Zum Schluss soll noch Ein Blick auf die Variable ***OstWest*** geworfen werden, da deren Einfluss auf die Timingintention, so die Vermutungen die im Rahmen der Darstellung des Untersuchungsmodells aufgestellt wurden, zwischen Ost- und Westdeutschland unter-schiedlich ausfallen soll (vgl. 3.2.2). Wie nun der Schätzer der Variable ***OstWest*** zeigt, würden Frauen in Westedeutschland eine erste Elternschaft eher umsetzen, als in Ostdeutschland (vgl. Tabelle 52). Ein Ergebnis, dass den von Kreyenfeld und Konietzka (2008) gefundenen Zusammenhängen, nach denen Frauen in Ostdeutschland eine erste Elternschaften tendenziell früher umsetzen und seltener kinderlos bleiben vollkommen wiederspricht (vgl. Kreyenfeld & Konietzka 2008: 129, 135-136). Doch der Effekt für die Westdeutschen Frauen, lässt sich nicht gegen den Zufall absichern und ist hochgradig insignifikant. Egal ob in West oder Ostdeutschland (dies lässt sich für beide Geschlechter festhalten), die Umsetzung der ersten Elternschaft unterscheidet sich zwischen den Gebieten nicht. Damit wird auch die im Abschnitt 3.2.2 aufgestellte und den bisherigen Forschungsergebnissen entgegentretende Annahme, dass in Ostdeutschland aufgrund größerer gesellschaftlicher Probleme (z.B. höhere Arbeitslosigkeit), größere Unsicherheiten bezüglich der Zukunft bestehen könnten, die einen Aufschub der ersten Elternschaft fördern könnten, widerlegt.

Fasst man nun das Ergebnis der Hypothesenüberprüfung zusammen, ist festzuhalten, dass sich die Hypothese **H 5** für beide Geschlechter in weiten Teilen bestätigt lässt. Während sich die Einflüsse der Einstellung zu Kindern und der subjektiven Norm auf die Timingintention einer ersten Elternschaft deutlich nachweisen lassen und so die vermuteten indirekten Effekte der wahrgenommenen Unsicherheit auf die Variable ***PLK*** (Timingintention der Elternschaft) bestätigen, sollte jedoch für die wahrgenommene Verhaltenskontrolle der befragten Personen die Nullhypothese zumindest teilweise beibehalten werden. Denn hier konnte nur einem kleinen Teil der Indikatoren, die für die wahrgenommene Verhaltenskontrolle in die Analyse eingegangen sind, ein signifikanter (teilweise auch nur tendenziell signifikanter) Effekt auf die Timingintention der ersten Elternschaft nachgewiesen werden. Zudem zeigte sich der wichtigste Indikator in der Analyse als insignifikant: der direkte Einfluss der wahrgenommenen Unsicherheit auf die Timingintention der ersten Elternschaft. Es scheint daher so, als ob die wahrgenommene Verhaltenskontrolle – anders als vermutet – nicht von der Wahrnehmung der Zukunft als unsicher, sondern eher von der Wahrnehmung der aktuellen Lebenssituation bestimmt wird.

Welche Bedeutung nun die Ergebnisse der Hypothesenüberprüfung für die Beantwortung der allgemeinen Fragestellung der Untersuchung haben, soll im Rahmen der Zusammenfassung der Ergebnisse der Untersuchung diskutiert werden (vgl. 6.).

6. Wenn die Entscheidung fürs Kind zum Problem wird – eine Zusammenfassung der Ergebnisse der Untersuchung

Das Ziel dieser Untersuchung war es, das Bild des Verhaltens der Umsetzung der ersten Elternschaft unter Berücksichtigung des Entscheidungskontextes zu vervollständigen (vgl. 1. und 3.). Im Zentrum der Betrachtung standen dabei die *Elemente biographischer Sicherheit*, die vor allem über ihren Einfluss auf die Wahrnehmung der Zukunft, die Unterschiede in der Timingintention der ersten Elternschaft erklären sollen (vgl. 3.1). Nach den Überlegungen des theoretischen Hintergrundes der Arbeit, sollte eine erste Elternschaft dabei die Folge einer Strukturierung des Lebenslaufes in der Form sein, dass seine nach und nach durch die Akteure hinzugefügten Elemente, die Unsicherheit über die Zukunft soweit reduziert haben, dass eine Elternschaft als Handlungsoption für sie attraktiv und somit umgesetzt wird (vgl. 2.4). Die empirische Überprüfung der in der Untersuchung aufgestellten Hypothesen sollte zeigen, ob dem tatsächlich so ist (vgl. 5.1-5.5).

Im folgenden Teil der Arbeit werden nun die Ergebnisse der Analysen im Bezug auf das Ziel und die Fragestellung der Untersuchung zusammengefasst (vgl. 6.1 und 6.2). Dabei wird auch ein kritischer Blick auf die Schwachpunkte dieser Untersuchung geworfen (vgl. 6.3), sowie Möglichkeiten weiterführender Studien mit gleicher Fragestellung aufgezeigt (vgl. 6.4).

6.1 Die Elemente biographischer Sicherheit und ihre Effekte auf die Timingintention der ersten Elternschaft

Betrachtet man nun die Ergebnisse der durchgeführten Analysen, so lässt sich zu allererst festhalten, dass tatsächlich Einflüsse verschiedener Variablen, die als *Elemente biographischer Sicherheit* in die Analysen eingegangen sind, auf die Timingintention der ersten Elternschaft bestehen. Um welche Variablen es sich dabei handelt, und ob diese die Timingintention direkt oder indirekt (über die wahrgenommene Unsicherheit der Akteure) betreffen, fassen die Abb. 39 und 40 für das jeweilige Geschlecht zusammen.

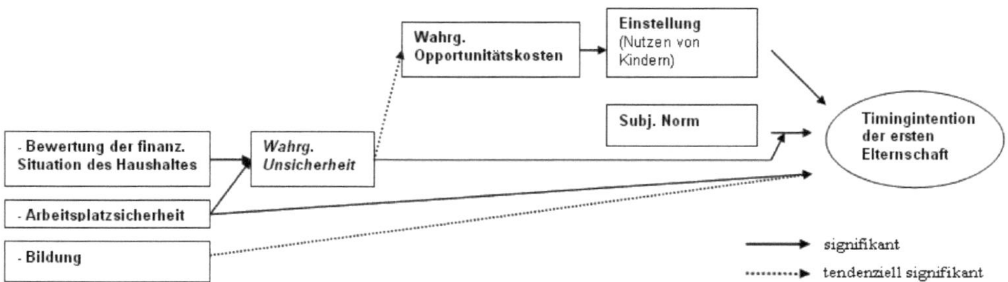

Abb.39: Modell der gefundenen Zusammenhänge für die männlichen befragten Personen

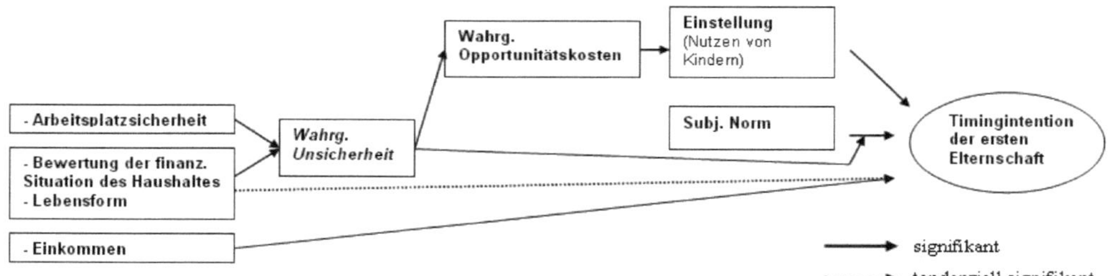

Abb.40: Modell der gefundenen Zusammenhänge für die weiblichen befragten Personen

Es ist interessant zu erkennen, dass es sich bei der Mehrheit der Einflussvariablen um solche handelt, die die Wahrnehmung der finanziellen Absicherung betreffen (vgl. 5.1 und 5.5). Hier sind neben der Bewertung der Arbeitsplatzsicherheit, die Bewertung der finanziellen Situation des Haushaltes für beide Geschlechter, sowie das persönliche Einkommen für die Frauen in der Stichprobe zu nennen (vgl. 5.1 und 5.5). Doch auch die in den Analysen gefundenen Einflüsse des höchsten Bildungsabschlusses bei den Männern und der Lebensform bei den Frauen lassen sich dazuzählen. Denn mit der Bildung steigen für die Männer die Einkommenschancen (vgl. Klein 2003: 521; Brose 2008: 33), bzw. nimmt mit der Verlässlichkeit/ Institutionalisierung der Lebensform für die Frauen die Sicherheit zu, auch nach einer Schwangerschaft finanziell durch den Haushalt abgesichert zu sein (vgl. 2.5.2 und 2.5.4). Ein Grund dafür könnte die Bedeutung von finanziellen Ressourcen für die Lebensplanung sein, die über die Gesellschaft und vor allem die

Integration der Akteure in den Arbeitsmarkt vermittelt wird (vgl. Wohlrab-Sahr 1993: 50; 2.5.1). Denn das Bewusstsein der ökonomischen Unabhängigkeit gibt den Akteuren das Gefühl, selbst die Gestalter ihrer Zukunft zu sein - worin auch viel Wahres für die Akteure liegt. So konnten in der Vergangenheit gerade Frauen sich auf der Basis breiterer finanzieller Ressourcen, und damit ökonomischer Unabhängigkeit, vielfältige neue Lebensoptionen (z.B. eigene Haushaltsführung) eröffnen (vgl. Peuckert 2005: 131; Onnen-Isemann 2003: 99). Vielfach könnte dieser Zusammenhang jedoch auch auf die Wahrnehmung der hohen Kosten, die Kinder mit sich bringen, zurückgehen, so dass eine Elternschaft erst attraktiv wird, wenn die finanzielle Absicherung der Zukunft erfolgt ist (vgl. Brose 2008: 48-49).

Doch nicht alleine Variablen die sich vornehmlich auf die finanzielle Absicherung der Akteure beziehen, haben einen Einfluss auf die Timingintention der ersten Elternschaft. Ebenfalls als bedeutsam hat sich ebenfalls der Einfluss der angenommenen Einstellung des sozialen Netzwerkes zu Kindern, der sich hinter der subjektiven Norm verbirgt, gezeigt (vgl. 5.4 und 5.5). Dieser ist ziemlich stark, wie die Korrelationsanalysen der Variablen ***PLK*** und ***Enetz*** zeigen konnten (vgl. Tabelle 44), und sorgt dafür, dass die Akteure den vermuteten Ansichten des Netzwerks zur Umsetzung einer ersten Elternschaft folgen (vgl. 5.4). Dies unterstreicht den Zusammenhang, dass das soziale Netzwerk, als Gruppe in dem sich der Akteur zumeist befindet, über Konformitätsdruck und der Vermittlung von Rationalitäten, Werte und Normen, auch die Abfolge für bestimmte Lebensereignisse, wie der der ersten Elternschaft, den Akteuren vermittelt (vgl. Bernardi et al. 2006: 359; Witte 1987: 209; Forgas 1999: 269-270).

Interessant am Effekt des sozialen Netzwerks ist jedoch noch ein weiterer Punkt; und zwar die Tatsache, dass er sich mit der wahrgenommenen Unsicherheit, die ein Akteur aufweist, verändert (vgl. 5.4). Bei Frauen verstärkt sich dabei der Einfluss des Netzwerks, je unsicherer sie werden, was auf die stärkere affiliative Ausrichtung der Frauen zurückgehen mag (vgl. Forgas 1999:183; 188-189). Bei den Männern hingegen wird er mit wachsender Unsicherheit über die Zukunft schwächer (vgl. 5.4). Dies könnte darauf zurückgehen, das bei den Männern größere Hürden bestehen, im Falle von Unsicherheit den Rat des sie umgebenden sozialen Netzwerks zu suchen. Ein Aspekt der jedoch erst noch untersucht und nachgewiesen werden müsste, was im Rahmen dieser Untersuchung nicht mehr machbar ist.

Sieht man sich nun die Effekte der einzelnen Variablen genauer an, ist als weiteres Ergebnis der Analysen festzustellen, dass nicht alle *Elemente biographischer Sicherheit*, wie erwartet wurde, die Umsetzung einer ersten Elternschaft fördern.

Hier konnten die Analysen zeigen, dass sich das persönliche Einkommen für die Frauen in der Stichprobe signifikant negativ Einfluss auf die Timingintention der ersten Elternschaft auswirkt (vgl. 5.5). Ein Ergebnis, dass den von Borchardt und Stöbel-Richter (2004) gefundenen Zusammenhängen, dass eine Familiengründung normalerweise erst eingegangen wird, wenn ausreichend Ressourcen vorhanden sind (vgl. Borchardt & Stöbel-Richter 2004: 51), auf den ersten Blick scheinbar widersprechen mag. Doch ist dieser Effekt für die Frauen im Bezug auf die Timingintention der ersten Elternschaft nicht ungewöhnlich und geht wahrscheinlich darauf zurück, dass sich mit dem Einkommen auch die Opportunitätskosten einer Elternschaft für die Frauen erhöhen. Denn sie verlieren dieses spätestens mit der Geburt eines Kindes (vgl. 2.5.1 und 5.5). Die Opportunitätskosten überlagern also im Zusammenhang mit den Fertilitätsentscheidungen den ansonsten positiven Effekt des Einkommens, der außerhalb des hier betrachteten Entscheidungskontextes im Bezug auf die Wahrnehmung der Kontrollierbarkeit der Zukunft bestehen mag[85] (vgl. Tabelle 56 Anhang). An dessen Stelle treten hier stattdessen die finanziellen Ressourcen des Haushaltes als Kriterium der finanziellen Absicherung - und somit der Wahrnehmung der Zukunft[86] (vgl. 8.5; Abb.41). Die von Brose (2008) aufgestellte Vermutung, dass Frauen erst nach einer erfolgreichen „Sicherung der ökonomischen Position" eine Elternschaft umsetzen (Brose 2008: 48-49) wird also bestätigt. Die finanzielle Absicherung erfolgt für die Frauen dabei allerdings nicht

[85] Die Korrelation der beiden Variablen ***Kontr3*** und ***EK*** zeigt deutlich, dass mit dem Einkommen die angenommene Kontrolle über die Zukunft zunimmt. So ist der Korrelationskoeffizient Spearman-Rho hochgradig signifikant und positiv (vgl. Tabelle 56 Anhang).

[86] Dies zeigt sich an den signifikanten, bzw. tendenziell signifikanten Effekten der Bewertung der finanziellen Situation des Haushaltens im Bezug auf die Timingintention der ersten Elternschaft und im Bezug auf die wahrgenommene Unsicherheit, die in beiden Fällen fördernd für die Umsetzung der ersten Elternschaft ausfallen (vgl. 5.1 & 5.5).

über das eigene Einkommen, sondern über die Einkünfte des Haushaltes (und damit auch des Partners), von dem sie mit einer Schwangerschaft im Normalfall abhängig werden (vgl. 8.5).

Doch nicht nur das persönliche Einkommen der Frauen hat einen negativen Effekt auf die Timingintention. Auch noch andere Variablen, die als *Elemente biographischer Sicherheit* in die Analysen eingegangen sind, zeigen sich als nicht immer durchweg förderlich für die Umsetzung der ersten Elternschaft. Bei diesen Variablen muss jedoch beachtet werden, dass es sich bei ihnen genau genommen um zweischneidige Schwerter handelt.

So wirkt sich für die Männer in der Stichprobe eine gute Bewertung der Arbeitsplatzsicherheit im direkten Einfluss negativ auf die Timingintention der ersten Elternschaft aus, während sie gleichzeitig, über die Verringerung der Unsicherheit über die Zukunft und damit im Rahmen des Entscheidungskontextes, indirekt eine Elternschaft fördert (vgl. 5.5). Ähnlich sieht es auch im Bezug auf die Lebensform ‚Ehe' bei den Frauen in der Untersuchung aus. Anstatt die angenommene Kontrolle über die Zukunft zu fördern, verstärkt die Lebensform ‚Ehe' die wahrgenommene Unsicherheit (vgl. 5.1). Bezogen aber auf die Timingintention der ersten Elternschaft wirkt sie sich, so konnte die Überprüfung der Hypothese **H 5** zeigen, wiederum (tendenziell signifikant) positiv auf die Umsetzung einer ersten Elternschaft aus (vgl. 5.5).

Ein Zusammenhang der darauf zurückgehen mag, dass sich in der Variable ***Kontr*** die Wahrnehmung verschiedener Lebensbereiche mischen, in denen die angenommene Kontrolle über die Zukunft allgemein dadurch sinkt, dass diese Lebensbereiche mehr auf den Partner abgestimmt werden müssen, es sich jedoch im Bezug auf die Umsetzung einer ersten Elternschaft um einen speziellen Lebensbereich handelt, der positiv von dem Institutionalisierungsgrad der Lebensform profitiert. Denn mit diesem nimmt auch die Gewissheit für die Frauen zu, auch nach der Schwangerschaft durch den Partner weiter versorgt zu werden (vgl. 2.5.4).

Will man nun wissen, wie sich die Lebensform oder auch die Bewertung der Arbeitsplatzsicherheit insgesamt auf die Timingintention auswirkt, muss man die direkten und indirekten Effekte der Variablen gegeneinander aufwiegen. Wird dies getan, ergibt sich für die Lebensform insgesamt ein positiver Effekt und für die Bewertung der Arbeitsplatzsicherheit ein negative Effekt[87] (vgl. Tabelle 39 & 52).

Ein Kontext, der in diesem Zusammenhang auch den Nutzen der Vorgehensweise dieser Untersuchung verdeutlicht. Denn gerade die indirekten Effekte der *Elemente biographischer Sicherheit*, hätten ohne die Berücksichtigung des Entscheidungszusammenhangs (mittels der Integration der wahrgenommenen Unsicherheit in das Untersuchungsmodell), nicht aufgedeckt werden können und so sehr wahrscheinlich zu unterschiedlichen Bewertungen der betrachteten Effekte geführt.

Doch sowohl die negativen, als auch die zweischneidigen Effekte der *Elemente biographischer Sicherheit* verdeutlichen noch mehr. Sie zeigen, dass sich die *Elemente biographischer Sicherheit*, je nachdem auf welchen Lebensbereich sie sich beziehen, in ihren Effekten unterscheiden können (vgl. 2.5). So ist das hohe Einkommen wahrscheinlich für den Lebensbereich ‚Freizeit' und ‚Beruf' vorteilhaft für die Frauen und würde dort einen positiven Effekt erzielen, doch für den Lebensbereich ‚Familie' wirkt es sich, wie beschrieben, negativ für sie aus (vgl. 5.5).

6.2 Die Erklärungskraft der wahrgenommenen Unsicherheit im Rahmen des Untersuchungsmodells

Wie ebenfalls den Abb. 39 und 40 zu entnehmen ist, beeinflussen mehrere Variablen, die als *Elemente biographischer Sicherheit* in die Analysen eingegangen sind, signifikant die Wahrnehmung der Zukunft (wahrgenommene Unsicherheit) der Akteure. Diese wiederum, so konnten die Analysen zeigen, verändert über ihren Einfluss auf die Einstellung der Personen zu Kindern und über die benannte Modellierung des Effektes der subjektiven Norm auf die Timingintention, die

[87] Dies allem darauf zurück, dass die Parameterschätzer der direkten Effekte beider Variablen deutlich höher liegen, und dass die indirekten Effekte der Lebensform und der Bewertung der Arbeitsplatzsicherheit über mehrere andere Variablen laufen (vgl. Abb. 39 & 40), bei denen nur schwache Korrelationen bestehen (vgl. 5.3 & 5.4), so dass die Parameterschätzer die die Variablen auf die wahrgenommene Unsicherheit aufweisen (vgl. Tabelle 38), zudem abgeschwächt werden.

Motivation der Akteure eine ersten Elternschaft einzugehen (vgl. 5.3 – 5.5). Damit zeigt sich, dass die Annahme, dass die *Elemente biographischer Sicherheit* die Wahrnehmung der Zukunft als unsicher (und damit die Wahrnehmung des Unsicherheitscharakters der Entscheidung) modellieren und so Einfluss auf die Timingintention der ersten Elternschaft nehmen, durch die Analysen im Prinzip bestätigt wird. Doch lassen sich darüber nun die Verhaltensunterschiede der Akteure erklären?

Dies scheint eher nicht der Fall zu sein. Denn der Einfluss der Variablen auf die wahrgenommene Unsicherheit und darüber auf die Timingintention ist nicht sonderlich stark. So erklären die Variablen zunächst nur einen Teil der Varianz der Wahrnehmung der Zukunft bei den Männern (19,3%) und bei den Frauen (28,1%) (vgl. Tabelle 37). Hier könnten vor allem noch psychologische Dispositionen von Bedeutung (z.B. Risikoaversivität) sein, die in der Untersuchung nicht beachtet wurden.

Des Weiteren zeigen die Korrelationsanalysen, in denen der Einfluss der wahrgenommenen Unsicherheit auf die Wahrnehmung der Opportunitätskosten (die sich wiederum auf die Einstellung zu Kindern auswirkt – siehe Abb. 39 und 40) und auf den Zusammenhang der subjektiven Norm und der Timingintention überprüft wurde, dass auch nur schwache indirekte Effekte der Wahrnehmung der Zukunft auf die Timingintention der ersten Elternschaft bestehen[88] (vgl. 5.3 und 5.4).

Auch konnte der direkte Einfluss der wahrgenommenen Unsicherheit auf die Timingintention der ersten Elternschaft, der als Hauptpfeiler zur Erklärung der Timingintention genutzt werden sollte (vgl. 3.2.2), gar nicht nachgewiesen werden, was damit zusammenhängen könnte, dass sich die Wahrnehmung der Zukunft nicht wie angenommen auf die Wahrnehmung der aktuellen Umsetzungschancen eines

---

[88] So ist der Korrelationskoeffizient Spearman-Rho im Falle der Korrelation der Variablen ***OppK*** und ***Kontr*** mit einem Wert von 0,077 bei den Männern und 0,106 bei den Frauen als mehr als schwach zu bezeichnen (vgl. Tabelle 42). Was den Effekt der wahrgenommenen Unsicherheit auf den Zusammenhang der Variablen ***PLK*** und ***Enetz*** angeht, so ist dieser ebenfalls als schwach bis höchsten mittel einzustufen (vgl. Diaz-Bone 2006: 91). So erhöht sich der Korrelationskoeffizient Spearman-Rho der beiden Variablen ***PLK*** und ***Enetz*** mit der Unsicherheit der Akteure gerade mal um den Gesamtwert 0,243 bei den Frauen und um 0,051 (maximal um den Gesamtwert 0,280, wenn auch den insignifikante Zusammenhang dazugezählt wird) bei den Männern (vgl. Tabelle 46 Anhang).

Verhaltens auswirkt, sondern stattdessen, wie es hier zu finden ist, über die Wahrnehmung der Opportunitätskosten, die Wahrnehmung des zukünftigen Nutzens eines Verhaltens steuert (vgl. 5.1- 5.5).

Der Versuch die Timingintention der ersten Elternschaft über die Wahrnehmung der Zukunft zu erklären ist damit, anders als vermutet wurde, nicht sehr viel versprechend, obwohl schwache signifikante Einflüsse nachgewiesen werden konnten.

Ein Grund, warum die Erklärungskraft der wahrgenommenen Unsicherheit der Zukunft im Rahmen der Analysen nicht so groß, wie vermutet, ausgefallen ist, könnte in der vornehmlich ‚jungen' Stichprobe zu finden sein. Viele der in dieser Stichprobe enthaltenen Personen (ca. 41%) sind noch sehr jung und planen in näherer Zukunft keine erste Elternschaft umzusetzen (vgl. Abb.5). Dies mag darauf zurückgehen, dass sie nach ihrer Ausbildung zunächst noch ihre berufliche Perspektive absichern müssen (vgl. Huinink 2001: 157). Für sie könnte eine erste Elternschaft noch zu weit in der Zukunft liegen, um diese in ihre Planungen zu berücksichtigen; unabhängig davon, wie ihre generelle Einstellung zu einer Elternschaft ist. Dementsprechend könnte es sein, dass sich auch ihre Wahrnehmung über die Zukunft nicht so stark auf ihre Timingentscheidungen auswirkt, da sie die Elternschaft generell zunächst aufschieben, unabhängig davon wie sicher oder unsicher sie die Zukunft sehen (vgl. Abb.10). Dieser Gedanke wurde bereits im Zusammenhang mit der Überprüfung der Hypothese **H 5** diskutiert. Dabei konnte aufgezeigt werden, dass die Wahrnehmung der Zukunft als Einflussvariable für die Timingintention der ersten Elternschaft erst später für die Akteure wichtig werden könnte. Dies ist jedoch nur weiterhin eine Vermutung, die erst noch empirisch nachgewiesen werden müsste[89] (vgl. 5.5). Dies kann nur über den Vergleich der Effekte der *Elemente biographischer Sicherheit* in den Altersgruppen geschehen, was jedoch im Rahmen dieser Untersuchung (auch Aufgrund der Fallzahlenproblematik – vgl. 5.5) nicht mehr möglich ist.

---

[89] Ein erster Ansatz zur Überprüfung dieses vermuteten Zusammenhang (mittels einer Korrelationsanalysen der Variablen ***PLK*** und ***Kontr3r***, aufgeteilt nach der Variable ***Alter3r*** - vgl. Tabelle 54 Anhang) konnte zeigen, dass alleine für die mittlere Altersgruppe signifikante direkte Einflüsse der wahrgenommenen Unsicherheit auf die Timingintention der ersten Elternschaft bestehen.

Ein anderer Grund für den geringen Einfluss der Wahrnehmung der Zukunft auf die Timingintention der ersten Elternschaft könnte aber auch sein, dass im Grunde genommen nicht die allgemeine Wahrnehmung der Zukunft für die Akteure für die Planung hier ausschlaggebend ist, sondern stattdessen die Wahrnehmung ihrer aktuellen Lebenssituation, aus der sich, entsprechend der *biographischen Theorie der Fertilität*, bereits gewisse Strukturierungswirkungen und somit Sicherheit für den weiteren Lebenslauf der Akteure ergeben (vgl. 2.3 und 2.4). Denn diese ist greifbarer für die Akteure und könnte ihnen daher als Orientierungspunkt für ihre zukünftigen Verhaltensweisen dienen.

Dieser Zusammenhang wurde im Untersuchungsmodell dadurch berücksichtigt, dass auch die *Elemente biographischer Sicherheit*, in denen sich die aktuelle Lebenssituation der Akteure widerspiegelt, als Indikatoren für die wahrgenommene Verhaltenskontrolle eingesetzt wurden (vgl. 3.2.2). So sollte erfasst werden, ob die Akteure annehmen, auf der Basis ihrer aktuellen Lebenssituation, eine Elternschaft in nächster Zeit umsetzen zu können.

Nun lässt sich anhand der Parameterschätzer der Tabelle 52 und den durchgeführten Korrelationsanalysen in den Abschnitten 5.3 und 5.4 festhalten, dass diese direkten Einflüsse der *Elemente biographischer Sicherheit* auf die Timingintention der ersten Elternschaft im ganzen als etwas stärker einzuschätzen sind, als die indirekten Effekte die über die wahrgenommene Unsicherheit verlaufen[90]. Die Bedeutung der aktuellen Lebenssituation als Ausgangspunkt für zukünftige Entscheidungen wird also gestärkt. Der Schlüssel zur Erklärung der Verhaltensintention der Akteure ist daher, nicht nur die Wahrnehmung der Zukunft, sondern vor allem auch die Wahrnehmung der aktuellen Lebenssituation heranzuziehen.

---

[90] Für die Bewertung des Einflusses werden die Parameterschätzer der Tabelle 52 herangezogen. Je größer diese sind, umso mehr erhöhen sie die Wahrscheinlichkeit der Zustimmung eines Akteurs zu bestimmten Antwortkategorien der abhängigen Variable ***PLK***. Hier ergeben sich für die direkten Einflüsse der Variablen auf die Timingintention mehrheitlich teilweise recht hohe Parameterschätzer, die meistens nicht an die der Variablen ***Enetz*** und ***Nutzen*** ranreichen. Doch nach den der Korrelationsanalysen der Abschnitte 5.3 und 5.4 zu urteilen ist nur ein kleiner Teil Effekte der Variablen ***Enetz*** und ***Nutzen*** auf die indirekten Einflüsse der Elemente biographischer Sicherheit zurückzuführen (vgl. Tabelle 52). Damit sind die direkten Effekte im Vergleich stärker einzuschätzen, als die indirekten Einflüsse die über die Wahrnehmung der Zukunft verlaufen.

Doch auch dies reicht alleine zur Erklärung der Verhaltensintention der Akteure nicht aus. Von großer Bedeutung (nach den bisherigen Analysen zu urteilen) ist vor allem die Einstellung der Akteure und die von ihnen angenommene Einstellung ihres Netzwerkes zu Kindern, die sich jeweils nur zu einem geringen Teil auf die *Elemente biographischer Sicherheit* zurückführen lassen (vgl. 5.3 und 5.4).

Damit zeigt sich, dass wenn die Entscheidung fürs Kind für die Akteure zum Problem wird, sich dies nicht alleine auf den Unsicherheitscharakter der Entscheidung zurückführen lässt und das sich ein solch spezifischen Verhalten, wie in der *Theorie geplanten Verhaltens* dargestellt wurde, tatsächlich nur über ein Modell zur Erklärung von Verhalten aufdecken lässt.

Obwohl sich nun gezeigt hat, dass sich die vermuteten Zusammenhänge nicht immer bestätigen, ergibt sich damit dennoch ein insgesamt mehrheitlich zufrieden stellendes Ergebnis für die Untersuchung. Denn das in den Analysen verwendete Untersuchungsmodell zur Erklärung der Timingintention der ersten Elternschaft hat sich, wie nicht nur die Varianzaufklärung des Analysemodells zeigen konnte, bewährt (vgl. Tabelle 51). So untermauert auch der Vergleich der durch das Modell vorhergesagten mit den tatsächlich beobachteten Merkmalsausprägungen der abhängigen Variable ***PLK*** dessen Güte.

Wie sich anhand einer Korrelationsanalyse mittels des Rangkorrelationskoeffizienten Spearman-Rho zeigt, besteht zwischen den vorhergesagten und den tatsächlich beobachteten Merkmalsausprägungen ein hoch signifikanter und vor allem starker Zusammenhang (vgl. Tabelle 55). Nach dem Korrelationskoeffizienten zu urteilen, entsprechen sich die durch das Modell vorhergesagten und die tatsächlich beobachteten Werte der abhängigen Variable ***PLK*** recht gut. Anders gesagt: Die Ausprägung der Timingintention der ersten Elternschaft lässt sich auf der Basis der Kenntnisse der im Untersuchungsmodell integrierten unabhängigen Variablen recht gut vorhersagen und zwar für beide Geschlechter.

Korrelationen

Geschlecht B				Timingintention Kind	Vorhergesagte Antwortkategorie
Männlich	Spearman-Rho	Timingintention Kind	Korrelationskoeffizient	1,000	,618**
			Sig. (2-seitig)	.	,000
			N	367	124
		Vorhergesagte Antwortkategorie	Korrelationskoeffizient	,618**	1,000
			Sig. (2-seitig)	,000	.
			N	124	124
Weiblich	Spearman-Rho	Timingintention Kind	Korrelationskoeffizient	1,000	,664**
			Sig. (2-seitig)	.	,000
			N	312	122
		Vorhergesagte Antwortkategorie	Korrelationskoeffizient	,664**	1,000
			Sig. (2-seitig)	,000	.
			N	122	122

**. Die Korrelation ist auf dem 0,01 Niveau signifikant (zweiseitig).

Tabelle 55: Korrelation nach Spearman der Variable *PLK* und der durch das Modell vorhergesagten Werte für *PLK*

Nach den Ergebnissen des Untersuchungsmodell wäre eine erste Elternschaft für Männer und Frauen gleichermaßen die Folge einer ausreichend finanziellen Absicherung, einer stabilen Partnerschaft (besonders eine Folge einer Ehe) und einer positiven Einstellung gegenüber Kindern, die vor allem auch von ihrem sozialen Netzwerk geteilt wird. Daneben spielt das Alter der Akteure eine bedeutende Rolle - so ist vor allem bei Personen im Alter von ca. 26 bis 35 Jahren die Umsetzung der ersten Elternschaft wahrscheinlicher. Dies könnte auf die bis dahin erfolgte Integration der Akteure in das Berufsleben zurückgeführt werden, die bei den jüngeren Personen noch fehlt, bzw. häufig noch erreicht werden muss. Bei den älteren Personen in der Stichprobe könnte die erneut sinkende Wahrscheinlichkeit einer Elternschaft darauf zurückgehen, dass eine Elternschaft für sie keine Option mehr im Lebenslauf darstellt.

Was die Überprüfung des Zusammenhangs angeht, ob signifikante Unterschiede in der Timingintention der ersten Elternschaft zwischen Ost- und Westdeutschland bestehen, so lässt sich festhalten, dass nach den Ergebnissen dieser Studie keine Unterschiede zwischen den beiden Gebiete bestehen.

Doch auch hier bleibt ein Teil an Restvarianz übrig (vgl. Tabelle 51), der verdeutlicht, dass auch dieses Untersuchungsmodell, obwohl es sehr gute Vorhersagen erzielt, nicht die Ursachen für die Unterschiede in der

Verhaltensintention der Akteure endgültig aufdecken kann. Das eigentliche Ziel, das Bild vom Verhalten der Umsetzung einer ersten Elternschaft weiter zu vervollständigen, konnte jedoch durch die Untersuchung erreicht werden. Dabei war auch zu erkennen, dass die Wahrnehmung der Zukunft durch die Akteure (und damit der Unsicherheitscharakter der Entscheidung), auch wenn sie nur eine geringe Erklärungskraft aufweist, trotzdem ein wichtiges Teil im Puzzle darstellt, das es zu beachtet gilt, wenn man untersuchen will, warum die Entscheidung fürs Kind für die Akteure zum Problem wird.

6.3 Ein kritischer Blick auf den Aufbau der Untersuchung

Obwohl die Ergebnisse der Analysen die meisten Hypothesen bestätigen und sich gezeigt hat, dass sich über das Untersuchungsmodell und damit die *Elemente biographischer Sicherheit* recht gute Vorhersagen der Verhaltensintention der Umsetzung einer ersten Elternschaft erzielen lassen, gibt es jedoch auch einige Schwachpunkte in der Untersuchung, die hier benannt werden sollen.

Zum einen kann festgehalten werden, dass einige der in der Untersuchung verwendeten Konstrukte ihre Zieldimensionen nicht gut genug erfassen. Dies trifft vor allem auf die Variable ***EK*** (für das persönliche Einkommen der Befragten) und ***EKP*** (für das Einkommen ihrer Partner) zu. Hier wurden nur das jeweils höchste Einkommen aus einer Einkommensquelle gezählt. Damit unterschätzen die Variablen das Einkommen für einen Teil der befragten Personen und deren Partner. Diese Problematik hat sich jedoch aus der Struktur des Datensatzes ergeben, da die Daten ordinalskaliert erhoben wurden und sich dementsprechend nicht anders zusammenfassen ließen. Ob der durchgesetzte Versuch diese Problematik zu lösen gelungen ist, kann jedoch als durchaus strittig gesehen werden.

Auch die Variable ***Kontr*** (für die Erhebung der Wahrnehmung der Zukunft der Akteure) ist nicht ganz unproblematisch. Diese Variable setzt sich aus Items zusammen die vorher dichotomisiert wurden - zum einen da die Antwortkategorien der Items sehr dicht beieinander lagen, zum anderen um über die Zählung der Lebensbereiche in denen ein Befragter annimmt eine große Kontrolle in der näheren Zukunft zu besitzen, einfacher einen Summenscore bilden zu können (vgl.

4.4). Das Problem bei dieser Zusammenfassung besteht jedoch darin, dass damit ein großer Teil der Varianz der Items und somit der Zielvariable verloren ging. Ähnlich wie bei den Variablen ***EK*** und ***EKP*** wurde dies jedoch als bester Weg empfunden die ordinalskalierten Items, die hinter der Variable ***Kontr*** stehen, zu einer Variable zusammenzufassen.

Ein weiterer Schwachpunkt der Untersuchung ist, dass die zu untersuchenden Fallzahlen bei verschiedenen Analysen recht gering ausgefallen sind. So wurden in der Überprüfung der Hypothese **H 5** nur 246 Fälle insgesamt (124 Männer und 122 Frauen) berücksichtigt. Dies ist schon an der unteren Grenze an der sich die Analysen als verlässlich genug, was die Fall-zahlen angeht, einschätzen lassen, denn je kleiner der Stichprobenumfang ist, umso ungenauer sind die damit erzielten Schätzungen (vgl. Diekmann 2005: 189). Das Hauptproblem der geringen Fallzahlen ist jedoch, dass durch sie gewisse Analysen in der Untersuchung nicht möglich waren; z.B. der Vergleich der Effekte der *Elemente biographischer Sicherheit* zwischen den verschiedenen Altersgruppen[91] (vgl. 5.5), oder auch die Integration des Einkommen der Partner der befragten Personen in die Hypothesenüberprüfung **H 5** (vgl. 5.5).

Diese Problematik geht jedoch auf einen im Bezug auf die Aufklärung der Fragestellung möglicherweise viel bedeutenderen Schwachpunkt der Untersuchung zurück: den Kriterien der Untersuchung für die zu untersuchenden Fälle (vgl. 3.2.1). Dieser besteht darin, dass nur Personen betrachtet wurden, die selber, bzw. deren Partner, noch keine erste Elternschaft vollzogen haben. Auf den ersten Blick mag dies eigentlich gar kein Schwachpunkt, bzw. Problem für die Untersuchung sein, da die Eingrenzung des Datensatzes auf eine solche Auswahlgesamtheit durchaus sinnvoll ist. So hat sich bei den Personen die bereits eine erste Elternschaft vollzogen haben, die Entscheidungsgrundlage dadurch verändert, dass es sich bei ihnen um eine Familienerweiterung im Falle einer Elternschaftsentscheidung handelt und nicht um eine Familiengründung. Die

[91] Ein solcher Vergleich wurde im Rahmen der Darstellung des Untersuchungsmodells angedacht, da zwischen den Altersgruppen sich durchaus die Entscheidungsgrundlage für die Akteure verändert. Schließlich geschehen die Lebenslaufentscheidungen in der Zeit und eine Elternschaft ist darin nicht unbegrenzt möglich (vgl. 3.2.2).

Elternschaftsentscheidungen von Personen mit Kindern und denen ohne ist also nicht mehr miteinander vergleichbar (vgl. 3.2.1).

Andererseits führt dieses Auswahlkriterium jedoch dazu, dass eine bedeutende Vergleichsgruppe in den Analysen fehlt, deren Merkmale vielleicht dafür gesorgt haben, dass sie eine Elternschaft umsetzen, sich nun nicht mehr mit den Merkmalen der Personen, die die Umsetzung der Elternschaft noch vor sich haben, vergleichen lassen. Dies könnte – zumindest theoretisch - dazu geführt haben, dass bestimmte Merkmale, die eigentlich wichtig für die Umsetzung einer ersten Elternschaft sind, in der vorliegenden Untersuchung in ihrer Bedeutung unterschätzt wurden. Ob dem so ist müsste jedoch empirisch nachgewiesen werden.

Eine Problematik die sich mit dem vorliegenden Datensatz nicht lösen lässt. Denn um die Ausprägungen der Personen mit Kindern, mit denen der Personen ohne Kinder, vergleichen zu können, hätten die notwendigen Daten für die Personen die bereits eine Elternschaft vollzogen haben, für den Zeitpunkt an dem sie diese vollzogen haben, retrospektiv vorliegen müssen. Ein Zusammenhang, den die meisten Erhebungen in diesem Forschungsfeld nicht nachkommen können, da der Aufwand der Erhebung der retrospektiven Daten einfach zu groß und teilweise auch zu schwierig ist.

6.4 Ein Ausblick auf die mögliche weitere Vorgehensweise

Was sich aus den bisherigen Ergebnissen und den Schwachpunkten der Untersuchung folgern lässt, ist dass die hier durchgeführten Analysen mit auch anderen Datensätzen wiederholt und weiter fortgesetzt werden sollten. Zum einen, um die Ergebnisse dieser Untersuchung auf den Prüfstand zu stellen, zum anderen, um noch offene Fragen - wie z.B. ob es bei den unterschiedlichen Altersgruppen gruppenspezifische Einflusseffekte im Bezug auf die Timingintention der ersten Elternschaft gibt (vgl. 5.5) – zu beantworten. Bei der Konzipierung über-prüfender und anschließender Studien könnten die Erfahrungen und die Ergebnisse, die aus dieser Arbeit gewonnen werden konnten, nützlich sein, um deren Aufbau zu schärfen.

Zunächst einmal sei festgehalten, dass sich das Konzept dieser Untersuchung, das Verhalten der Akteure auf der Basis eines auf der *Theorie geplanten Verhaltens* (TOPB) entwickelten Untersuchungsmodells zu betrachten, bewährt hat. Denn über dieses Modell war es möglich, viele unterschiedlichen Einflussvariablen in den Analysen zu berücksichtigen und so einen recht großen Teil der Varianz der abhängigen Variable zu erklären (vgl. Tabelle 51; 5.5). Vor allem die TOPB hatte in diesem Zusammenhang den Vorteil, dass sich das Konzept von den *Elemente biographischer Sicherheit* leicht in die Theorie integrieren ließ (vgl. 2.6 & 3.2.2). Es wäre daher zu überlegen auch weiterhin die *Theorie geplanten Verhaltens* zur Erklärung von spezifischen Verhaltensweisen, wie der der Umsetzung einer Elternschaft, einzusetzen.

Auch die Vorgehensweise, die Analysen der Untersuchung für beide Geschlechter getrennt durchzuführen, hat sich als sinnvoll erwiesen. Denn sie konnte helfen geschlechtspezifische Effekte einzelner Variablen aufzudecken und damit die Vermutung, dass unterschiedliche Entscheidungsvorrausetzungen bei Männern und Frauen im Rahmen der Elternschaftsentscheidungen vorliegen, nachweisen.

Gleiches gilt für den Aspekt die Elternschaftsentscheidungen im Paarprozess zu betrachten, da die Partnerschaft die Voraussetzung für eine Elternschaft bildet (vgl. 2.5.3). Eine weitere Untersuchung in diesem Forschungsfeld, sollte diese beiden Zusammenhänge ebenfalls berücksichtigen.

Neben den genannten Aspekten gibt es jedoch auch einige Punkte, die sich aus den Ergebnissen dieser Untersuchung ableiten lassen, die ebenfalls sinnvoll in weiterführenden Studien in diesem Forschungsfeld zu berücksichtigen wären, die aber in dieser Untersuchung keine Berücksichtigung fanden:

- Wenn möglich sollten die Analysen zusätzlich getrennt nach Altersgruppen vorgenommen werden, um mögliche altersspezifische Effekte einzelner Variablen aufzudecken. Etwas was in dieser Untersuchung, aufgrund von zu geringen Fallzahlen, nicht möglich war (vgl. 5.5). In diesem Zusammenhang ließe sich dann vielleicht auch der direkte Einfluss der Wahrnehmung der Unsicherheit der Zukunft auf die Intention zur Umsetzung einer ersten Elternschaft, der sich im Rahmen der

Hypothese **H 5** ansatzweise für die mittlere Altergruppe gezeigt hat, für bestimmte Altersgruppen nachweisen.

- Ein weiterer wichtiger Aspekt wäre die Berücksichtigung von Lebensbereichen. Vor allem die Bewertungen der Lebensbereiche Familie, Arbeit/Ausbildung und Freizeit sollten erhoben werden. Dies sollte möglichst in Form einer Rating-Skala geschehen, um eine Gewichtung der einzelnen Lebensbereiche durch die Akteure zu erhalten. Denn wie Blossfeld und Huinink (2001) festhalten, können die verschiedenen Lebensbereiche unterschiedlich im Alter durch die Akteure bewertet werden und sich so auf die Lebensgestaltung auswirken (vgl. Blossfeld & Huinink 2001: 7). Gerade bei jüngeren Altersgruppen wäre dabei zu erwarten, dass der Lebensbereich Familie zunächst keine bedeutende Position in ihrem Leben einnimmt, da sie, wie Huinink (2001) anmerkt, nach ihrer Ausbildung zunächst noch ihre berufliche Perspektive absichern müssen (vgl. Huinink 2001: 157). Dieser Zusammenhang könnte helfen, einige der hier gefundenen Ergebnisse besser zu erklären, z.B. den negativen Effekt der Einstellung des sozialen Netzwerks eines Akteurs zu einer Elternschaft. Besonders im Bezug auf die *Elemente biographischer Sicherheit* könnte versucht werden nachzuweisen, dass diese sich unterschiedlich auf die einzelnen Lebensbereiche beziehen und je nach ihrer Ausprägung vielleicht deren Bedeutung für den Akteur stärken, bzw. selber Ausdruck einer stärkeren Orientierung eines Akteurs in einem Lebensbereich sind.

Anhang

Statistiken

		intime Beziehung, kein gemeins. HH	verheiratet/ein getragene Partnerschaft
N	Gültig	3717	6300
	Fehlend	6300	3717

Tabelle 1: Zusammenfassung der Fallzahlen für die Items f030600 und f030201

jemals leibliche, Adoptiv- oder Pflegekinder

		Häufigkeit	Prozent	Gültige Prozente	Kumulierte Prozente
Gültig	Ja	3147	31,4	50,7	50,7
	Nein	3040	30,3	49,0	99,7
	Weiß nicht	4	,0	,1	99,8
	Keine Angabe	15	,1	,2	100,0
	Gesamt	6206	62,0	100,0	
Fehlend	System	3811	38,0		
Gesamt		10017	100,0		

Tabelle 4: Item f020902 nach Häufigkeiten und Prozent der befragten Personen

Geschlecht B

		Häufigkeit	Prozent	Gültige Prozente	Kumulierte Prozente
Gültig	Männlich	4610	46,0	46,0	46,0
	Weiblich	5407	54,0	54,0	100,0
	Gesamt	10017	100,0	100,0	

Tabelle 8: Geschlecht der befragten Personen nach Häufigkeiten und Prozent

Chi-Quadrat-Tests

	Wert	df	Asymptotische Signifikanz (2-seitig)
Chi-Quadrat nach Pearson	73,887[b]	1	,000
Anzahl der gültigen Fälle	2889		

b. 0 Zellen (,0%) haben eine erwartete Häufigkeit kleiner 5. Die minimale erwartete Häufigkeit ist 366,94.

Tabelle 10: Chi²-Test zur Abhängigkeit der Variable *STE* vom Geschlecht der befragten Personen

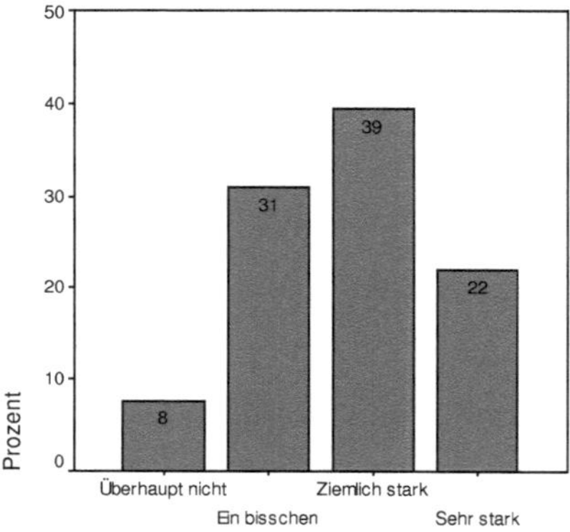

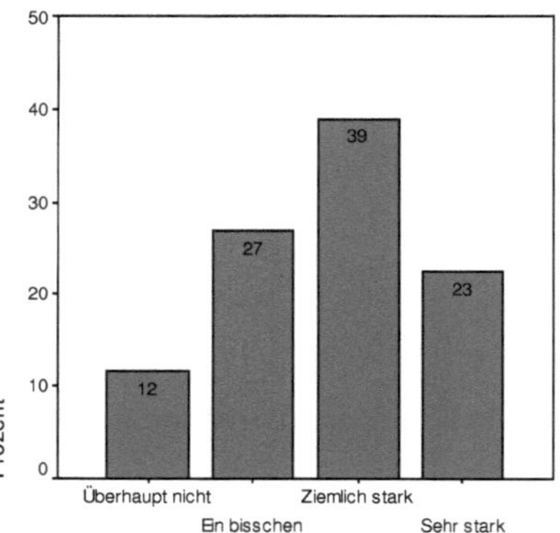

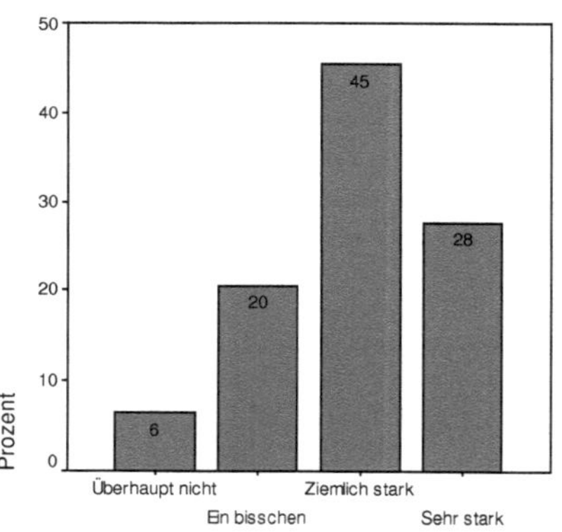

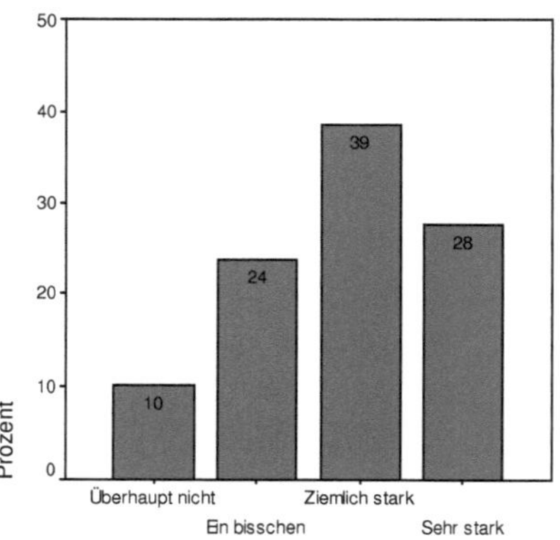

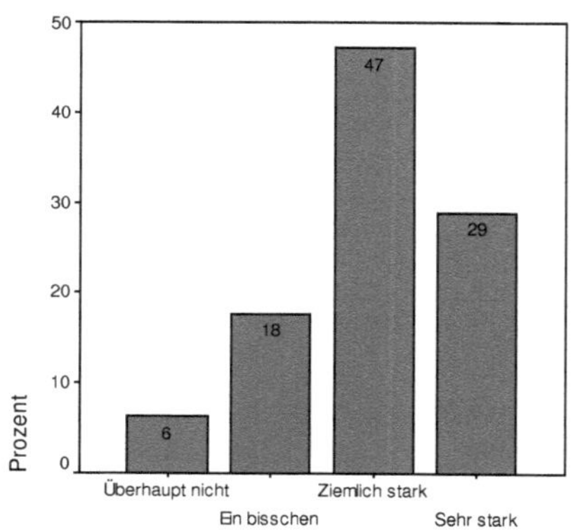

Abb. 11-15: Balkendiagramme der Items f071901 bis f071905 in Prozent der befragten Personen

HH-Einkommen pro M in 3 Gruppen

		Häufigkeit	Prozent	Gültige Prozente	Kumu ierte Prozente
Gültig	bis 1.499 Euro	279	33,2	38,2	38,2
	1.500 bis 2.999 Euro	310	36,9	42,5	80,7
	ab 3000 Euro	141	16,8	19,3	100,0
	Gesamt	730	86,9	100,0	
Fehlend	weiß nicht	52	6,2		
	K.A.	58	6,9		
	Gesamt	110	13,1		
Gesamt		840	100,0		

Tabelle 17: Variable *HHE* nach Häufigkeiten und Prozent der befragten Personen

Korrelationen

			Einkommen Befragter in Gruppen (EK)	Alter in drei Gruppen
Spearman-Rho	Einkommen Befragter in Gruppen (EK)	Korrelationskoeffizient	1,000	,412**
		Sig. (2-seitig)	.	,000
		N	695	695
	Alter in drei Gruppen	Korrelationskoeffizient	,412**	1,000
		Sig. (2-seitig)	,000	.
		N	695	840

**. Die Korrelation ist auf dem 0,01 Niveau signifikant (zweiseitig).

Tabelle 18: Korrelation nach Spearman der Variablen *EK* und *Alter3*

Korrelationen

			Einkommen Befragter in Gruppen (EK)	Wie kommt HH mit gesamtem Einkommen zurecht
Spearman-Rho	Einkommen Befragter in Gruppen (EK)	Korrelationskoeffizient	1,000	,337**
		Sig. (2-seitig)	.	,000
		N	768	759
	Wie kommt HH mit gesamtem Einkommen zurecht	Korrelationskoeffizient	,337**	1,000
		Sig. (2-seitig)	,000	.
		N	759	826

**. Die Korrelation ist auf dem 0,01 Niveau signifikant (zweiseitig).

Tabelle 20: Korrelation nach Spearman der Variablen *EK* und Bewertung finanz. Situation des Haushalts

Status Elternschaft (STE) * Höchst. Bildungsabschluss Befragte(r) Kreuztabelle

			Höchst. Bildungsabschluss Befragte(r)			
			niedrig	mittel	hoch	Gesamt
Status Elternschaft (STE)	keine Elt.	Anzahl	150	294	358	802
		% von Höchst. Bildungsabschluss Befragte(r)	21,5%	24,6%	39,2%	28,6%
	Elt. vollzogen	Anzahl	548	901	555	2004
		% von Höchst. Bildungsabschluss Befragte(r)	78,5%	75,4%	60,8%	71,4%
Gesamt		Anzahl	698	1195	913	2806
		% von Höchst. Bildungsabschluss Befragte(r)	100,0%	100,0%	100,0%	100,0%

Tabelle 23: Kreuztabelle der Variablen *STE* und *Bild*

Chi-Quadrat-Tests

	Wert	df	Asymptotische Signifikanz (2-seitig)
Chi-Quadrat nach Pearson	77,005[a]	2	,000
Likelihood-Quotient	75,280	2	,000
Zusammenhang linear-mit-linear	65,961	1	,000
Anzahl der gültigen Fälle	2806		

a. 0 Zellen (,0%) haben eine erwartete Häufigkeit kleiner 5. Die minimale erwartete Häufigkeit ist 199,50.

Tabelle 24: Chi²-Test zur Abhängigkeit der Variable *STE* von der Variable *Bild*

Symmetrische Maße

		Wert	Näherungsweise Signifikanz
Nominal- bzgl. Nominalmaß	Phi	,166	,000
	Cramer-V	,166	,000
Anzahl der gültigen Fälle		2806	

a. Die Null-Hyphothese wird nicht angenommen.

b. Unter Annahme der Null-Hyphothese wird der asymptotische Standardfehler verwendet.

Tabelle 25: Ausgabe der symmetrischen Maße für den Zusammenhang der Variablen *STE* und *Bild*

Korrelationen

			höchst. Bildungsabschluss Befragter	höchst. Bildungsabschluss Partner
Spearman-Rho	höchst. Bildungsabschluss Befragter	Korrelationskoeffizient	1,000	,542**
		Sig. (2-seitig)	.	,000
		N	802	761
	höchst. Bildungsabschluss Partner	Korrelationskoeffizient	,542**	1,000
		Sig. (2-seitig)	,000	.
		N	761	785

**. Die Korrelation ist auf dem 0,01 Niveau signifikant (zweiseitig).

Tabelle 27:Korrelation nach Spearman der Variablen *Bild* und *BildP*

Status Elternschaft (STE) * Höchster Bildungsabschluss Partner Kreuztabelle

			Höchster Bildungsabschluss Partner			Gesamt
			niedrig	mittel	hoch	
Status Elternschaft (STE)	keine Elt. vollzogen	Anzahl	154	298	333	785
		% von Höchster Bildungsabschluss Partner	20,7%	31,5%	40,4%	31,2%
	Elt. vollzogen	Anzahl	591	648	491	1730
		% von Höchster Bildungsabschluss Partner	79,3%	68,5%	59,6%	68,8%
Gesamt		Anzahl	745	946	824	2515
		% von Höchster Bildungsabschluss Partner	100,0%	100,0%	100,0%	100,0%

Tabelle 28: Kreuztabelle der Variablen *STE* und *BildP*

Chi-Quadrat-Tests

	Wert	df	Asymptotische Signifikanz (2-seitig)
Chi-Quadrat nach Pearson	71,079[a]	2	,000
Likelihood-Quotient	72,695	2	,000
Zusammenhang linear-mit-linear	70,798	1	,000
Anzahl der gültigen Fälle	2515		

a. 0 Zellen (,0%) haben eine erwartete Häufigkeit kleiner 5. Die minimale erwartete Häufigkeit ist 232,53.

Tabelle 29: Chi²-Test zur Abhängigkeit der Variable *STE* von der Variable *BildP*

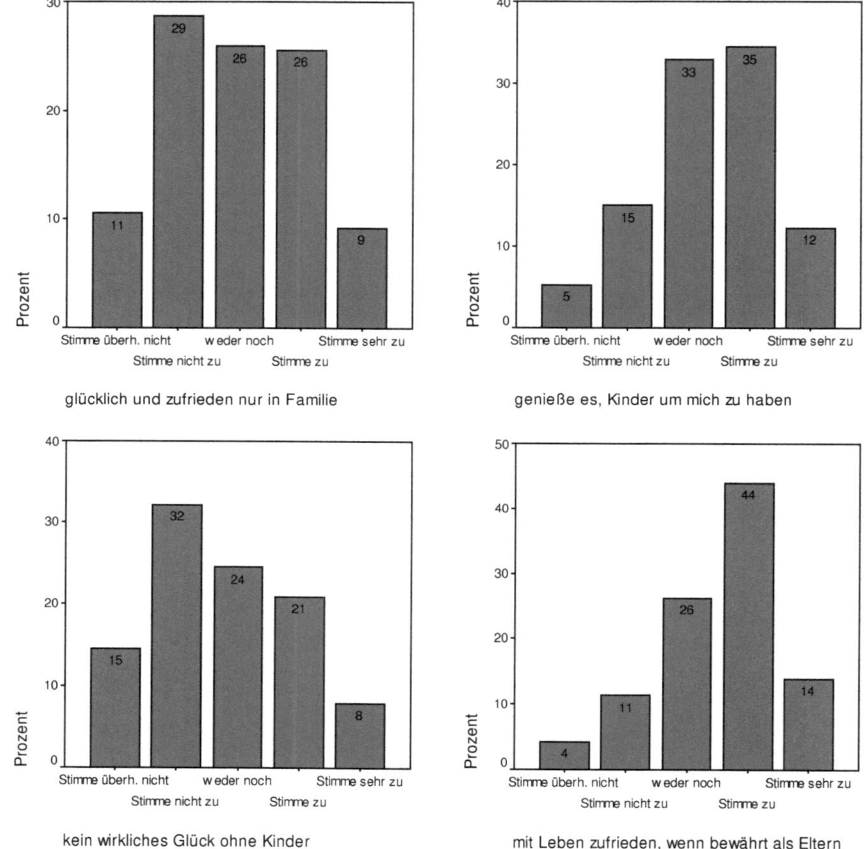

Abb. 20-23: Balkendiagramme der Items f111241 bis f111244 in Prozent der befragten Personen

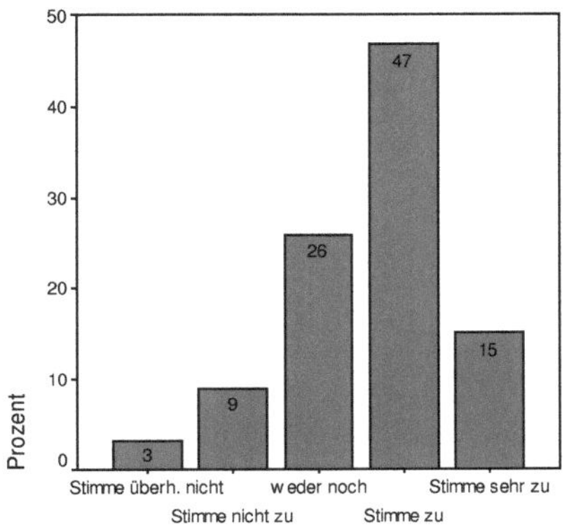

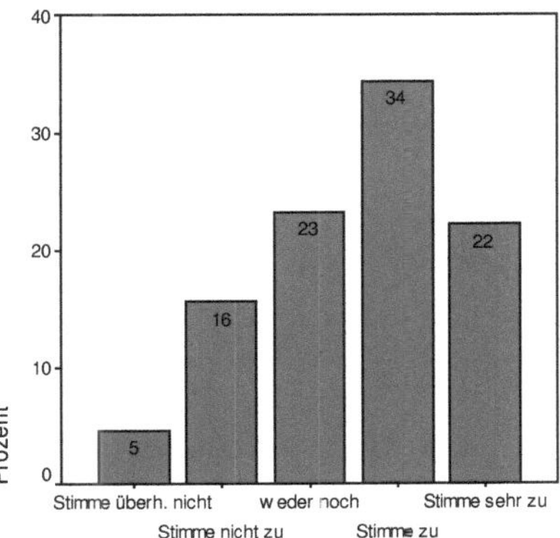

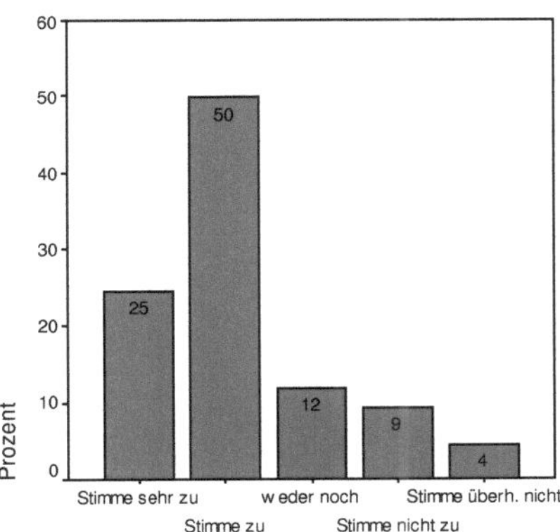

Abb. 24-26: Balkendiagramme der Items f111245 bis f111247 in Prozent der befragten Personen

Korrelationen

			Timingintention Kind	Einstellung Netzwerk
Spearman-Rho	Timingintention Kind	Korrelationskoeffizient	1,000	-,480**
		Sig. (1-seitig)	.	,000
		N	679	582
	Einstellung Netzwerk	Korrelationskoeffizient	-,480**	1,000
		Sig. (1-seitig)	,000	.
		N	582	690

**. Die Korrelation ist auf dem 0,01 Niveau signifikant (einseitig).

Tabelle 32: Korrelation nach Spearman der Variablen *PLK* und *Enetz*

Zusammenfassung der Fallverarbeitung

		Anzahl	Randprozentsatz
ang. zukünftige Kontrolle	niedrig	18	8,4%
	1	11	5,1%
	2	20	9,3%
	3	30	14,0%
	4	47	21,9%
	hoch	89	41,4%
Einkommen Befragter in Gruppen (EK)	ab 3000 Euro	9	4,2%
	1.500 bis 2.999 Euro	99	46,0%
	bis 1.499 Euro	107	49,8%
höchst. Bildungsabschluss Befragter	hoch	74	34,4%
	mittel	101	47,0%
	niederig	40	18,6%
Lebensform	Ehe	45	20,9%
	NEL	67	31,2%
	LAT	103	47,9%
Ost-West	West	178	82,8%
	Ost	37	17,2%
Alter in drei Gruppen	36 bis 45 J.	50	23,3%
	26 bis 35 J.	103	47,9%
	18 bis 25 J.	62	28,8%
Gültig		215	100,0%
Fehlend		256	
Gesamt		471	

Tabelle 33: Zusammenfassung der in die Analysen integrierten Variablen für das Geschlecht männlich

Zusammenfassung der Fallverarbeitung

		Anzahl	Randprozentsatz
ang. zukünftige Kontrolle	niedrig	17	14,5%
	1	7	6,0%
	2	13	11,1%
	3	16	13,7%
	4	25	21,4%
	hoch	39	33,3%
Einkommen Befragter in Gruppen (EK)	ab 3000 Euro	4	3,4%
	1.500 bis 2.999 Euro	25	21,4%
	bis 1.499 Euro	88	75,2%
höchst. Bildungsabschluss Befragter	hoch	47	40,2%
	mittel	46	39,3%
	niederig	24	20,5%
Lebensform	Ehe	52	44,4%
	NEL	65	55,6%
Ost-West	West	100	85,5%
	Ost	17	14,5%
Alter in drei Gruppen	36 bis 45 J.	17	14,5%
	26 bis 35 J.	68	58,1%
	18 bis 25 J.	32	27,4%
Einkommen des P. in Gruppen (EKP)	ab 3000 Euro	8	6,8%
	1.500 bis 2.999 Euro	41	35,0%
	bis 1.499 Euro	68	58,1%
höchst. Bildungsabschluss Partner	hoch	40	34,2%
	mittel	42	35,9%
	niederig	35	29,9%
Gültig		117	100,0%
Fehlend		252	
Gesamt		369	

Tabelle 34: Zusammenfassung der in die Analysen integrierten Variablen für das Geschlecht weiblich

Pseudo R-Quadrat

Cox und Snell	,184
Nagelkerke	,192
McFadden	,063

Verknüpfungsfunktion: Log-Log komplementär.

Tabelle 40: Ausgabe zum erzielten Pseudo-R-Quadrat in der Modelluntersuchung

Korrelationen

Geschlecht B	ang. zukünftige Kontrolle				Timingintention Kind	Einstellung Netzwerk
Männlich	niedrig	Spearman-Rho	Timingintention Kind	Korrelationskoeffizient	1,000	-,217
				Sig. (1-seitig)	.	,109
				N	42	34
			Einstellung Netzwerk	Korrelationskoeffizient	-,217	1,000
				Sig. (1-seitig)	,109	.
				N	34	43
	mittel	Spearman-Rho	Timingintention Kind	Korrelationskoeffizient	1,000	-,446**
				Sig. (1-seitig)	.	,000
				N	93	84
			Einstellung Netzwerk	Korrelationskoeffizient	-,446**	1,000
				Sig. (1-seitig)	,000	.
				N	84	97
	hoch	Spearman-Rho	Timingintention Kind	Korrelationskoeffizient	1,000	-,497**
				Sig. (1-seitig)	.	,000
				N	199	161
			Einstellung Netzwerk	Korrelationskoeffizient	-,497**	1,000
				Sig. (1-seitig)	,000	.
				N	161	196
Weiblich	niedrig	Spearman-Rho	Timingintention Kind	Korrelationskoeffizient	1,000	-,669**
				Sig. (1-seitig)	.	,000
				N	59	54
			Einstellung Netzwerk	Korrelationskoeffizient	-,669**	1,000
				Sig. (1-seitig)	,000	.
				N	54	62
	mittel	Spearman-Rho	Timingintention Kind	Korrelationskoeffizient	1,000	-,471**
				Sig. (1-seitig)	.	,000
				N	72	70
			Einstellung Netzwerk	Korrelationskoeffizient	-,471**	1,000
				Sig. (1-seitig)	,000	.
				N	70	79
	hoch	Spearman-Rho	Timingintention Kind	Korrelationskoeffizient	1,000	-,426**
				Sig. (1-seitig)	.	,000
				N	154	137
			Einstellung Netzwerk	Korrelationskoeffizient	-,426**	1,000
				Sig. (1-seitig)	,000	.
				N	137	158

**. Die Korrelation ist auf dem 0,01 Niveau signifikant (einseitig).

Tabelle 46: Korrelation der Variablen *PLK* und *Enetz* aufgeteilt nach der Variable *Kontr3* und nach dem Geschlecht der befragten Personen

Zusammenfassung der Fallverarbeitung

Geschlecht B			Anzahl	Randprozentsatz
Männlich	Timingintention Kind	keine Elt.	14	24,1%
		später als 3 J.	9	15,5%
		binnen 3 J.	35	60,3%
	Einkommen Befragter in Gruppen (EK)	1.500 bis 2.999 Euro	31	53,4%
		bis 1.499 Euro	27	46,6%
	höchst. Bildungsabschluss Befragter	hoch	19	32,8%
		mittel	30	51,7%
		niederig	9	15,5%
	Lebensform	Ehe	23	39,7%
		NEL	35	60,3%
	Alter in drei Gruppen	36 bis 45 J.	14	24,1%
		26 bis 35 J.	34	58,6%
		18 bis 25 J.	10	17,2%
	Ost-West	West	49	84,5%
		Ost	9	15,5%
	ang. zukünftige Kontrolle	niedrig	8	13,8%
		mittel	14	24,1%
		hoch	36	62,1%
	höchst. Bildungsabschluss Partner	hoch	18	31,0%
		mittel	32	55,2%
		niederig	8	13,8%
	Einkommen des P. in Gruppen (EKP)	1.500 bis 2.999 Euro	16	27,6%
		bis 1.499 Euro	42	72,4%
	Gültig		58	100,0%
	Fehlend		413	
	Gesamt		471	
Weiblich	Timingintention Kind	keine Elt.	16	19,3%
		später als 3 J.	10	12,0%
		binnen 3 J.	57	68,7%
	Einkommen Befragter in Gruppen (EK)	1.500 bis 2.999 Euro	17	20,5%
		bis 1.499 Euro	66	79,5%
	höchst. Bildungsabschluss Befragter	hoch	28	33,7%
		mittel	37	44,6%
		niederig	18	21,7%
	Lebensform	Ehe	36	43,4%
		NEL	47	56,6%
	Alter in drei Gruppen	36 bis 45 J.	10	12,0%
		26 bis 35 J.	48	57,8%
		18 bis 25 J.	25	30,1%
	Ost-West	West	71	85,5%
		Ost	12	14,5%
	ang. zukünftige Kontrolle	niedrig	14	16,9%
		mittel	25	30,1%
		hoch	44	53,0%
	höchst. Bildungsabschluss Partner	hoch	21	25,3%
		mittel	33	39,8%
		niederig	29	34,9%
	Einkommen des P. in Gruppen (EKP)	1.500 bis 2.999 Euro	33	39,8%
		bis 1.499 Euro	50	60,2%
	Gültig		83	100,0%
	Fehlend		286	
	Gesamt		369	

Tabelle 47: Zusammenfassung der in die Analyse integrierten Variablen für beide Geschlechter

Zusammenfassung der Fallverarbeitung

Geschlecht B			Anzahl	Randprozentsatz
Männlich	Timingintention Kind	keine Elt.	29	23,4%
		später als 3 J.	28	22,6%
		binnen 3 J.	67	54,0%
	Einkommen Befragter in Gruppen (EK)	1.500 bis 2.999 Euro	60	48,4%
		bis 1.499 Euro	64	51,6%
	höchst. Bildungsabschluss Befragter	hoch	38	30,6%
		mittel	65	52,4%
		niederig	21	16,9%
	höchst. Bildungsabschluss Partner	hoch	37	29,8%
		mittel	69	55,6%
		niederig	18	14,5%
	Lebensform	Ehe	26	21,0%
		NEL	37	29,8%
		LAT	61	49,2%
	ang. zukünftige Kontrolle	hoch	73	58,9%
		mittel	34	27,4%
		niedrig	17	13,7%
	Alter in drei Gruppen	36 bis 45 J.	27	21,8%
		26 bis 35 J.	58	46,8%
		18 bis 25 J.	39	31,5%
	Ost-West	West	101	81,5%
		Ost	23	18,5%
	Gültig		124	100,0%
	Fehlend		347	
	Gesamt		471	
Weiblich	Timingintention Kind	keine Elt.	29	23,8%
		später als 3 J.	22	18,0%
		binnen 3 J.	71	58,2%
	Einkommen Befragter in Gruppen (EK)	1.500 bis 2.999 Euro	28	23,0%
		bis 1.499 Euro	94	77,0%
	höchst. Bildungsabschluss Befragter	hoch	46	37,7%
		mittel	49	40,2%
		niederig	27	22,1%
	höchst. Bildungsabschluss Partner	hoch	46	37,7%
		mittel	41	33,6%
		niederig	35	28,7%
	Lebensform	Ehe	41	33,6%
		NEL	49	40,2%
		LAT	32	26,2%
	ang. zukünftige Kontrolle	hoch	67	54,9%
		mittel	33	27,0%
		niedrig	22	18,0%
	Alter in drei Gruppen	36 bis 45 J.	17	13,9%
		26 bis 35 J.	61	50,0%
		18 bis 25 J.	44	36,1%
	Ost-West	West	105	86,1%
		Ost	17	13,9%
	Gültig		122	100,0%
	Fehlend		247	
	Gesamt		369	

Tabelle 48: Zusammenfassung der in die Analyse integrierten Variablen für beide Geschlechter

Korrelationen

			Zufriedenheit Arbeitsplatzsicherheit
Spearman-Rho	Zufriedenheit mit Arbeitsplatzsicherheit	Korrelationskoeffizient	1,000
		Sig. (2-seitig)	.
		N	262
	Beschäftigungschancen	Korrelationskoeffizient	-,037
		Sig. (2-seitig)	,561
		N	253
	Finanzielle Situation	Korrelationskoeffizient	-,084
		Sig. (2-seitig)	,179
		N	257

Tabelle 53: Korrelation der Items f084700, f062702 und f062703 nach Spearman

Korrelationen

Alter in drei Gruppen				Timingintention Kind	ang. zukünftige Kontrolle
36 bis 45 J.	Spearman-Rho	Timingintention Kind	Korrelationskoeffizient	1,000	-,144
			Sig. (1-seitig)	.	,068
			N	118	108
		ang. zukünftige Kontrolle	Korrelationskoeffizient	-,144	1,000
			Sig. (1-seitig)	,068	.
			N	108	126
26 bis 35 J.	Spearman-Rho	Timingintention Kind	Korrelationskoeffizient	1,000	-,113*
			Sig. (1-seitig)	.	,038
			N	272	249
		ang. zukünftige Kontrolle	Korrelationskoeffizient	-,113*	1,000
			Sig. (1-seitig)	,038	.
			N	249	324
18 bis 25 J.	Spearman-Rho	Timingintention Kind	Korrelationskoeffizient	1,000	-,032
			Sig. (1-seitig)	.	,305
			N	289	262
		ang. zukünftige Kontrolle	Korrelationskoeffizient	-,032	1,000
			Sig. (1-seitig)	,305	.
			N	262	310

*. Die Korrelation ist auf dem 0,05 Niveau signifikant (einseitig).

Tabelle 54: Korrelation der Variablen *PLK* und *Kontr3r* aufgeteilt nach der Variable *Alter3*

Korrelationen

			ang. zukünftige Kontrolle	Einkommen Befragter in Gruppen (EK)
Spearman-Rho	ang. zukünftige Kontrolle	Korrelationskoeffizient	1,000	,159**
		Sig. (2-seitig)	.	,008
		N	337	280
	Einkommen Befragter in Gruppen (EK)	Korrelationskoeffizient	,159**	1,000
		Sig. (2-seitig)	,008	.
		N	280	303

**. Die Korrelation ist auf dem 0,01 Niveau signifikant (zweiseitig).

Tabelle 56: Korrelation der Variablen *Kontr3r* und *EKr*

I. Tabellen- /Abbildungsverzeichnis

Tabellenverzeichnis

Abbildungsverzeichnis

II. Syntaxverzeichnis

Syn. 01

```
if hh_rasta = 1 or hh_rastb = 1 or hh_rastc = 1 or hh_rastd = 1
or hh_raste = 1 or hh_rastf = 1 or hh_rastg = 1 or hh_rasth = 1
or hh_rasti = 1 or hh_rastj = 1 stp = 1.
if f030600 = 1 stp = 1.
execute.
```

Syn. 02

```
if hh_rasta = 1 sexP = f010900a.
if hh_rastb  = 1 sexP = f010900b.
if hh_rastc  = 1 sexP = f010900c.
if hh_rastd  = 1 sexP = f010900d.
if hh_raste  = 1 sexP = f010900e.
if hh_rastf  = 1 sexP = f010900f.
if hh_rastg  = 1 sexP = f010900g.
if hh_rasth  = 1 sexP = f010900h.
if hh_rasti  = 1 sexP = f010900i.
if hh_rastj  = 1 sexP = f010900j.
execute.
```

Syn. 03

```
if f030900s = 1 sexP = 1.
if f030900s = 2 sexP = 2.
execute.
```

Syn. 04

```
if f010300 = 1 and sexP = 1 stsex = 0.
if f010300 = 2 and sexP = 2 stsex = 0.
if f010300 = 1 and sexP = 2 stsex = 1.
if f010300 = 2 and sexP = 1 stsex = 1.
execute.
```

Syn. 05

```
select if stp = 1.
select if stsex = 1.
execute.
```

Syn. 06

```
if hh_rasta = 2 or hh_rastb = 2 or hh_rastc = 2 or hh_rastd = 2
or hh_raste = 2 or hh_rastf = 2 or hh_rastg = 2 or hh_rasth = 2
or hh_rasti = 2 or hh_rastj = 2 ste = 1.
if hh_rasta = 3 or hh_rastb = 3 or hh_rastc = 3 or hh_rastd = 3
or hh_raste = 3 or hh_rastf = 3 or hh_rastg = 3 or hh_rasth = 3
or hh_rasti = 3 or hh_rastj = 3 ste = 1.
```

```
        if hh_rasta = 4 or hh_rastb = 4 or hh_rastc = 4 or hh_rastd = 4
        or hh_raste = 4 or hh_rastf = 4 or hh_rastg = 4 or hh_rasth = 4
        or hh_rasti = 4 or hh_rastj = 4 ste = 1.
        if hh_rasta = 5 or hh_rastb = 5 or hh_rastc = 5 or hh_rastd = 5
        or hh_raste = 5 or hh_rastf = 5 or hh_rastg = 5 or hh_rasth = 5
        or hh_rasti = 5 or hh_rastj = 5 ste = 1.
        if hh_rasta = 6 or hh_rastb = 6 or hh_rastc = 6 or hh_rastd = 6
        or hh_raste = 6 or hh_rastf = 6 or hh_rastg = 6 or hh_rasth = 6
        or hh_rasti = 6 or hh_rastj = 6 ste = 1.
        execute.

Syn. 07 if f020902 = 1 ste = 1.
        if f020902 = 8 ste = 9.
        if f020902 = 9 ste = 9.
        execute.

Syn. 08 if f022600 = 1 ste = 1.
        if f022600 = 8 ste = 9.
        if f022600 = 9 ste = 9.
        execute.

Syn. 09 if f033200a = 1 or f033200b = 1 or f033200c = 1 or f033200d = 1
        or f033200e = 1or f033200f = 1or f033200g = 1 or f033200h = 1
        or f033200i = 1or f033200j = 1 ste = 1.
        execute.

Syn. 10 if f060201 = 1 ste = 1.
        if f060202 = 1 ste = 1.
        execute.

Syn. 11 RECODE ste (SYSMIS=0).
        execute.

Syn. 12 select if ste = 0.
        execute.

Syn. 13 if f061200 = 1 GsP = 0.
        if f061600 = 1 GsP = 0.
        execute.

        RECODE GsP (SYSMIS=1).
        execute.

Syn. 14 RECODE f010400j (1960 thru Highest=1) (ELSE=0) INTO alt.
        execute.
```

```
if hh_rasta = 1 f031100j = f01101ja.
if hh_rastb = 1 f031100j = f01101jb.
if hh_rastc = 1 f031100j = f01101jc.
if hh_rastd = 1 f031100j = f01101jd.
if hh_raste = 1 f031100j = f01101je.
if hh_rastf = 1 f031100j = f01101jf.
if hh_rastg = 1 f031100j = f01101jg.
if hh_rasth = 1 f031100j = f01101jh.
if hh_rasti = 1 f031100j = f01101ji.
if hh_rastj = 1 f031100j = f01101jj.
execute.

RECODE
f031100j (1960 thru Highest=1) (ELSE=0) INTO altP.
execute.

if alt = 1 and altP = 1 stalt = 1.
if altP = 0 stalt = 0.
if alt = 0 stalt = 0.
execute.
```

Syn. 15

```
select if gsp = 1.
select if stalt = 1.
execute.
```

Syn. 16

```
if ste = 0 and GSP = 0 GPE = 0.
if ste = 1 and GSP = 1 GPE = 1.
if ste = 0 and GSP = 1 GPE = 1.
if ste = 1 and GSP = 0 GPE = 1.
execute.

select if GPE = 1.
execute.
```

Syn. 17

```
compute Alter = 2005 - f010400j.
execute.

RECODE alter (18 thru 25=1) (26 thru 35=2) (36 thru 45=3) INTO alter3 .
execute.
```

Syn. 18

```
RECODE Bula (1 thru 10=0) (11 thru 16=1) INTO OstWest .
execute.
```

Syn. 19

```
RECODE f062200 (1 thru 2=1) (3 thru 4=2) (ELSE=SYSMIS) INTO f062200r.
execute.
```

Syn. 20 RECODEf062400 (1 thru 2=1) (3 thru 4=2) (ELSE=SYSMIS) INTO f062400r.
execute.

Syn. 21 if f062200r = 1 and f062400r = 1 PLK = 1.
if f062200r = 1 and f062400r = 2 PLK = 2.
if f062200r = 2 and f062400r = 2 PLK = 3.
if f062200r = 2 and f062400r = 1 PLK = 3.
execute.

Syn. 22 RECODE
f071901 f071902 f071903 f071904 f071905
(1 thru 2=0) (3 thru 4=1) INTO f1 f2 f3 f4 f5 .
execute.

COMPUTE kontr = f1+f2+f3+f4+f5.
execute.

Syn. 23 Count AEKQ = f100602a to f100602i (1).
execute.

RECODE AEKQ (0=99).
execute.

if f100602j = 1 AEKQ = 0.
execute.

Syn. 24 RECODE
f100621 f100622 f100623 f100624 f100625 f100626 f100627 f100628 f100629
(1 thru 3=1) (4 thru 6=2) (7 thru 9=3) (ELSE=0)
INTO EK3 EK4 EK5 EK6 EK7 EK8 EK9 EK10 EK11.
execute.

Syn. 25 COMPUTE EK = MAX(ek3,ek4,ek5,ek6,ek7,ek8,ek9,ek10,ek11).
execute.

if AEKQ> 0 and EK = 0 EK = 99.
if AEKQ = 99 and EK = 0 EK = 99.
if AEKQ = 0 and EK = 0 EK = 0.
execute.

Syn. 26 RECODE f100900 (1 thru 3=1) (4 thru 6=2) (7 thru 9=3) (ELSE=Copy)
INTO HHE.
execute.

Syn. 27
```
RECODE f100633 f100634 f100635 f100636 f100637 f100638 f100639 f100640
 f100641 (1 thru 3=1) (4 thru 6=2) (7 thru 9=3) (ELSE=0)
INTO EK3P EK4P EK5P EK6P EK7P EK8P EK9P EK10P EK11P.
execute.
```

Syn. 28
```
COMPUTE EKP = MAX(ek3p,ek4p,ek5p,ek6p,ek7p,ek8p,ek9p,ek10p,ek11p).
execute.
```

Syn. 29
```
Count AEKQP = f100603a to f100603i (1).
execute.

RECODE AEKQP (0=99).
execute.

if f100603j = 1 AEKQP = 0.
execute.

if aekqp > 0 and EKP = 0 EKP = 99.
if aekqp = 99 and EKP = 0 EKP = 99.
if aekqp = 0 and EKP = 0 EKP = 0.
execute.
```

Syn. 30
```
RECODE
f012001 (1=1) (2=2) (5=SYSMIS) (98=SYSMIS) (99=SYSMIS) (3 thru 4=3)
INTO bild.
execute.
```

Syn. 31
```
if f030400 = 1 bildP = 9.
if f030400 = 2 bildP = 1.
if f030400 = 3 bildP = 1.
if f030400 = 4 bildP = 2.
if f030400 = 5 bildP = 3.
if f030400 = 6 bildP = 3.
if f030400 = 7 bildP = 99.
if f030400 = 98 bildP = 99.
if f030400 = 99 bildP = 99.

if f031300 = 1 bildP = 9.
if f031300 = 2 bildP = 1.
if f031300 = 3 bildP = 1.
if f031300 = 4 bildP = 2.
if f031300 = 5 bildP = 3.
if f031300 = 6 bildP = 3.
if f031300 = 7 bildP = 99.
if f031300 = 98 bildP = 99.
```

```
        if f031300 = 99 bildP = 99.
        execute.

Syn. 32 if f030201 = 1 lebfor = 3.
        if f030201 = 2 lebfor = 2.
        if f030600 = 1 lebfor = 1.
        execute.

Syn. 33 RECODE
        f111241 f111242 f111243 f111244 f111245 f111247
        (1=5) (2=4) (3=3) (4=2) (5=1) (ELSE=Copy) INTO f111241r f111242r
        f111243r f111244r f111245r f111247r .
        execute.

Syn. 34 COMPUTE Nutzen = MEAN.6 (f111241r,f111242r,f111243r,f111244r,f111245r,
        f111247r,f111248).
        execute.

Syn. 35 COMPUTE
        Oppk = MEAN.7(f062701,f062702,f062703,f062704,f062705,f062706,f062707
        ,f062708,f062709,f062710,f062711).
        execute.

Syn. 36 COMPUTE Enetz = MEAN.2(f062901,f062902,f062903).
        execute.

Syn. 37 RECODE EK Bild Bildp Lebfor Alter3 (1=3) (2=2) (3=1) (ELSE=SYSMIS)
        INTO EKr Bildr Bildpr Lebforr Alter3r.
        execute.

        RECODE Ekp (0=4) (1=3) (2=2) (3=1) (ELSE=Copy) INTO EKpr .
        execute.

Syn. 38 RECODE Kontr (0 thru 1=1) (2 thru 3=2) (4 thru 5=3) INTO Kontr3 .
        execute.

Syn. 39 RECODE Kontr3 (1=3) (2=2) (3=1) (ELSE=SYSMIS) INTO Kontr3r .
        Execute.
```

III. Literaturverzeichnis

Ajzen, Icek (1991): The Theory of Planned Behavior. In: Organizational Behavior and Human Decision Processes. Ausgabe 50, S. 179-211.

Benninghaus, Hans (2005): Einführung in die sozialwissenschaftliche Datenanalyse. 7. Auflage. Oldenbourg Wissenschaftsverlag, S. 50-63.

Bernardi, Laura; Keim, Sylvia; von der Lippe, Holger (2006): Freunde, Familie und das eigene Leben. Zum Einfluss sozialer Netzwerke auf die Lebens- und Familienplanung junger Erwachsener in Lübeck und Rostock. In: Hollstein, Bettina & Straus, Florian (Hrsg.) (2006): Qualitative Netzwerkanalyse – Konzepte, Methoden, Anwendungen. Wiesbaden: VS-Verlag, S. 359-390.

Bernhard, Sarah & Kurz, Karin (2007): Familie und Arbeitsmarkt – Eine Längsschnittstudie zum Einfluss beruflicher Unsicherheiten auf die Familienerweiterung. In: IAB Discussion Papers. 10/2007. Nürnberg: Institut für Arbeitsmarkt- und Berufsforschung der Bundesagentur für Arbeit.

Birg, Herwig (1992): Differentielle Reproduktion aus der Sicht der biographischen Theorie der Fertilität. In: Voland, Eckart (Hrsg.) (1992): Fortpflanzung: Natur und Kultur im Wechselspiel. Frankfurt am Main: Suhrkamp, S. 189-215.

Blossfeld, Hans-Peter & Huinink, Johannes (2001): Lebensverlaufsforschung als sozialwissenschaftliche Forschungsperspektive. In: BIOS 14, S. 5-31.

Bonß, Wolfgang; Hohl, Joachim & Jakob, Alexander (2001): Die Konstruktion von Sicherheit in der reflexiven Moderne. In: Beck, Ulrich & Bonß, Wolfgang (Hrsg.) (2001): Die Modernisierung der Moderne. Frankfurt am Main: Suhrkamp, S. 147-159.

Borchardt, Anke & Stöbel-Richter, Yve (2004): Die Genese des Kinderwunsches bei Paaren – eine qualitative Studie. In: BiB. 114/2004: Materialien zur Bevölkerungswissenschaft. Wiesbaden: Bundesinstitut für Bevölkerungsforschung.

Brose, Nicole (2008): Entscheidung unter Unsicherheit – Familiengründung und -erweiterung im Erwerbsverlauf. In: Kölner Zeitschrift für Soziologie und Sozialforschung, Jg. 60, Heft 1, S. 30-52.

Brüderl, C. (2004); Pluralisierung partnerschaftlicher Lebensformen in Westdeutschland und Europa. In: Politik und Zeitgeschichte. 19/2004, S. 3-10.

Burkart, Günter (1994): Die Entscheidung zur Elternschaft: eine empirische Kritik von Individualisierungs- und Rational-Choice-Theorien. Stuttgart: Enke Verlag.

Bühl, Achim & Zöfel, Peter (2002): SPSS 11: Einführung in die moderne Datenanalyse unter Windows. 8. Auflage. München: Person-Studium, S. 351-377.

Diaz-Bone, Rainer (2006): Statistik für Soziologen. Konstanz: UVK Verlagsgesellschaft mbH.

Diekmann, Andres (2005): Empirische Sozialforschung – Grundlagen, Methoden, Anwendungen. 14. Auflage. Reinbek bei Hamburg: Rowohlts-Verlag.

Dyckman, Thomas R.; Smidt, Seymour; MaCAdams, Alan K. (1969): Managment decision making under uncertainty: An Introduktion to Probability and Statistical Decision Theory. London: The MACMILLIAN Company, S. 1-43.

Feldmann, Klaus (2006): Soziologie Kompakt – Eine Einführung. 4. Auflage. Wiesbaden: VS-Verlag, S. 142-157.

Forgas, J. P. (1999): Soziale Interaktion und Kommunikation. 4. Auflage. Weinheim: Psychologische Verlags Union.

Friedman, Debra; Hechter, Michael & Kanazawa, Satoshi (1994): A Theory of the Value of Children. In: Demography. Vol. 31, No. 3, S. 375-401.

Gehring, Uwe W. & Weins, Cornelia (2004): Grundkurs Statistik für Politologen. 4. Auflage. Wiesbaden: VS-Verlag, S. 228-238.

Günther, Dirk (2002): Armutsrisiko Elternschaft? In: Schneider, Norbert F. & Matthias-Bleck, Heike (Hrsg.) (2002): Elternschaft heute. Opladen: Leske+Budrich, S. 251-265.

Hank, Karsten & Tölke, Angelika (2005): Männer – Das „vernachlässigte“ Geschlecht in der Familienforschung. In: Tölke, Angelika & Hank, Karsten (Hrsg.) (2005): Männer – Das „vernachlässigte“ Geschlecht in der Familienforschung. Wiesbaden: VS-Verlag, S. 7-17.

Huinink, Johannes (1995): Warum noch Familie? Zur Attraktivität von Partnerschaft und Elternschaft in unserer Gesellschaft. Frankfurt/New York: Campus Verlag, S. 249-294.

Huinink, Johannes (2001): Entscheidungs- und Vereinbarkeitsprobleme bei der Wahl familialer Lebensformen. In: Busch, Friedrich W. u.a. (2001): Familie und Gesellschaft. Band 7. Würzburg: Ergonverlag, S. 145-165.

Huinink, Johannes; Strohmeyer, Klaus-Peter & Wagner, Michael (Hrsg.) (2001): Solidarität in Partnerschaft und Familie. Würzburg: Ergon-Verlag, S. 145-166.

Huinink, Johannes & Konietzka, Dirk (2007): Familien-Soziologie. Eine Einführung. Frankfurt/New York: Campus Verlag.

Klein, Thomas (2003): Die Geburt von Kindern in paarbezogener Perspektive. In: Zeitschrift für Soziologie, Jg. 32, Heft 6. Stuttgart: Lucius & Lucius Verlag, S. 506-527.

Kreyenfeld, Michaela (2002): Time-squeeze, partner effect or selfselection? An investigation into the positive effect of women's education on second birth risks in West Germany. In: Demographic Research. Vol. 7, Art. 2, S. 15-48.
Erhältlich unter: www.demographic-research.org/Volumes/Vol7/2/

Kreyenfeld, Michaela & Konietzka, Dirk (2008): Wandel der Geburten- und Familienentwicklung in West- und Ostdeutschland. In: Schneider, Norbert F. (Hrsg.) (2008): Lehrbuch Moderne Familiensoziologie. Opladen & Farmington Hills: Verlag Barbara Budrich, S. 121-138.

Kühn, Thomas (2004): Berufsbiographie und Familiengründung. Wiesbaden: VS-Verlag, S. 198-303.

Maul, Katharina (2007): Kinder? Vielleicht irgendwann… – Das Timing von Familiengründungen im Lebenslauf in Abhängigkeit vom Bildungsniveau. Saarbrücken: VDM Verlag Dr. Müller, S. 1-34.

Mönkediek, Bastian (2008): Unsicherheit Familiengründung – Eine empirische Analyse zur Bedeutung von finanziellen Ressourcen als Entscheidungskriterium im Rahmen der Intention der Familiengründung. Forschungsbericht zum Forschungspraktikum „Partnerschaft im Wandel“, WS 2007/2008. Universität Bremen – unveröffentlichtes Material.

Onnen-Isemann, Corinna (2003): Kinderlose Partnerschaften. In: Bien, Walter & Marbach, Jan H. (Hrsg.): Partnerschaft und Familiengründung – Ergebnisse der dritten Welle des Familien-Survey. Opladen: Leske+Budrich, S. 95-140.

Pelizäus-Hoffmeister, Helga (2006a): Biographische Sicherheit im Wandel? Wiesbaden: Deutscher Universitäts-Verlag.

Pelizäus-Hoffmeister, Helga (2006b): Zur Bedeutung sozialer Netzwerke für die Konstruktion biographischer Sicherheit. In: Hollstein, Bettina & Straus, Florian (Hrsg.) (2006): Qualitative Netzwerkanalyse – Konzepte, Methoden, Anwendungen. Wiesbaden: VS-Verlag, S. 441-464.

Peuckert, Rüdiger (2005): Familienformen im sozialen Wandel. 6. Auflage. Wiesbaden: VS-Verlag, S. 119-156.

Ruckdeschel, Kerstin; Ette, Andreas; Hullen, Gert & Leven, Ingo (2006): Generations and Gender Survey – Dokumentation der ersten Welle der Hauptbefragung in Deutschland. Wiesbaden: Bundesinstitut für Bevölkerungsforschung.

Rupp, Marina & Blossfeld, Hans-Peter (2008): Familiale Übergänge: Eintritt in nichteheliche Lebensgemeinschaften, Heirat, Trennung und Scheidung, Elternschaft. In: Schneider, Norbert F. (Hrsg.) (2008): Lehrbuch Moderne Familiensoziologie. Opladen & Farmington Hills: Verlag Barbara Budrich, S. 139-166.

Stöbel-Richter, Yve (2000): Kinderwunsch als Intention. Zur Relevanz persönlicher und gesellschaftlicher Kinderwunschmotive als Prädiktoren des aktuellen Kinderwunsches. Universität Leipzig.

Schmitt, Christian (2005): Kinderlosigkeit bei Männern – Geschlechtsspezifische Determinanten ausbleibender Elternschaft. In: Tölke, Angelika & Hank, Karsten (Hrsg.) (2005): Männer – Das „vernachlässigte" Geschlecht in der Familienforschung. Wiesbaden: VS-Verlag, S. 18-43.

Vaskovics, L. A. & Rupp, M. (1995): Partnerschaftskarrieren: Entwicklung nichtehelicher Lebensgemeinschaften. Opladen: Westdeutscher Verlag, S. 11-25.

Weymann, Ansgar (2003): The Life Course, Institutions, and Life-Corse Policy. In: Heinz, Walter & Marshall, Victor W.: Social Dynamics of the Life Course. Transitions, Institutions, and Interrelations. New York: deGruyter, S. 167-192.

Witte, E. H. (1987): Konformität. In: Frey, D. & Greif, S. (Hrsg.): Sozialpsychologie – Ein Handbuch in Schlüsselbegriffen. 2. Auflage. München-Weinheim: Psychologische Verlags Union, S. 209-213.

Wohlrab-Sahr, Monika (1993): Biographische Unsicherheit; Biographie und Gesellschaft. Opladen: Leske+Budrich, S. 17-64.